IT'S

국립중앙도서관출판도서목록(CIP)

It's = 잇츠 / 저자: 박창수. ― 서울 : 시간의물레, 2014
    p. :   cm

ISBN   978-89-6511-090-3 03190 : ₩11000

인생훈[人生訓]

199.1-KDC5
179.7-DDC21   CIP2014012294

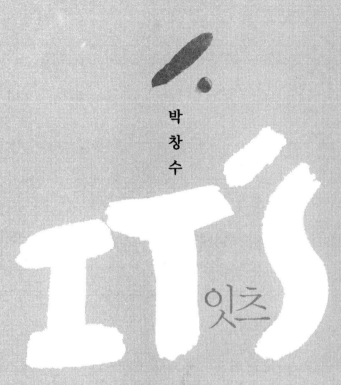

박창수

피잇츠

선배가 들려주는 달콤하고 쓰디쓴 인생 처세술

유머가 내 몸의 진통제다 ● 버킷리스트를 작성했는가 ● 글쓰기가 싫다면, 성공은 물도 꾸지 마라 ● 컨키도 노하우와 테크닉이 있나 ● 어차피 메이컷이 성공을 메이컷한다 ● 느림의 미학을 즐겨라 ● 333으로 심심하게 즐기자 ● 진정한 철면피 스타는 '水'로 시작하라 ● 목표는 가볍고 즐겁게 세워라 ● 시간은 만인에게 평등하게 주어진다 ● 성공하려면 150명의 인맥을 만들어라 ● 내 인생의 멘토를 찾아나서라 ● 나 자신을 팔아라 ● 땀 흘리는 사람이 성공한다 ● 하루 한번씩 자기 성장이 필요하다 ● 욕먹지 말아야 할 것이 있다 ● 죽일 것 살릴 것 그것을 찾아라 ● 자연처럼 노력하라 ● 무엇을 남기고 떠날 것인가

시간의 물레

이 책을 펴내면서

─ 정답 없는 삶이지만 그래도 챙겨야 하는 것들

몇 년 전 책을 쓰고자 10여 명의 인생 선배들을 만나서 인터뷰를 한 후 맨 마지막에 "누군가 왜 사느냐고 물으면, 어떻게 답하겠습니까?"라고 공통된 질문을 해보았다.

일과 노년기 인생에 대한 질문에는 거침없이 자신의 생각이나 계획 등을 쏟아놓으면서도 이 물음에 대해서는 그 누구도 선뜻 대답을 하지 못했다. 하나같이 난감한 표정으로 당황스러워했다. 한참 동안을 망설이다가 생각을 정리하여 밝힌 이가 있는가 하면 전화나 메일로 답변을 주겠다고 하는 이도 있었다.

책이 출간된 후 생각하니 참으로 건방진 질문이었다는 생각이 들었다. 누구나 자신의 삶에 대해 각각 깊은 생각이 있고, 목표가 있겠지만 산다는 것에 대해 한마디로 정의를 내리기란 쉽지 않은 게 분명하다. '삶이란 바로 이런 것이다', 또는 '내가 사는 이유는 이것 때문이다'라고 자신의 인생을 간단명료하게 정의를 내린다는 것이 어디 쉬운 일이겠는가. 게다가 당신들에게는 막내 동생뻘 되는 나이인 40대 후반의 까마득한 인생 후배가 이런 질문을 했으니, 한편으로는 말장난하는 것이 아니냐는 생각에 심기가 불편했을지도 모른다.

20~30대 젊은 시절에는 저마다 정한 목표를 향해 앞만 보고 달려간다. 자청하여 열정의 도가니 속으로 빠져들게 된다. 청년다운 모습임에 틀림없다. 다만 가치 있는 삶을 위해서는 자양분이 될 수 있는 것들을 아예 모르거나, 또는 무시하고 넘어간다는 사실이다. 그러나 중년을 지나 장년 노년이 되면서 '그때 이것을 알았더라면' 하고 후회하거나 아쉬움을 느끼게 된다.

우리의 삶은 제 각각 다르기에 '삶은 무엇인가?'에 대한 정답이란 없다. 다만 대다수의 사람들은 세월이 흘러가도 후손들에게 존경받을 만큼 가치 있는 흔적을 남기길 소망한다. 그렇다면 쓸만한 지혜들을 챙겨보는 것은 어떨까 싶다. 이 책에 담긴 테마와 내용들은 저자가 2007년부터 KBS 3라디오 〈출발! 멋진 인생〉의 '브라보 마이 라이프'에 출연하면서 '인생을 즐겁게 사는 법'에 대해 풀어놓은 이야기들이다. 자칫하면 젊음의 열정 이면에 가려져 보지 못할 수도 있는 인생 비타민들! 그것들을 실행으로 옮겨 보는 것은 누구에게나 즐거운 일이 될 것이다.

2014년 5월
박 창 수

contents

유머가 내 몸의 천연진통제다

지난 30여 년 동안 연속 흑자를 내면서 연평균 10~15% 성장 실적을 올린 사우스웨스트항공사 CEO 허브 켈러허는 '일은 재미있어야 한다'는 경영철학으로 유머 경영을 실천하는 인물이다. 그 때문인지 사우스웨스트항공을 이용하는 승객들은 아주 특별한 경험을 하게 된다. 항공기가 이륙하기 전 기내에서 흘러나오는 안내 방송이 이색적이다.

"지금 담배를 피우실 분들은 밖으로 나가 날개 위에 앉아 마음껏 흡연하시기 바랍니다. 오늘 흡연하면서 감상하실 영화의 제목은 '바람과 함께 사라지다' 입니다."

다음은 비행 중 기장이 하는 멘트다.

"오늘 비행기 탈 때 가슴이 두근두근 거린 손님이 계시면 지금 손들어 보세요. 사실 제가 그렇거든요. 첫 비행이랍니다. 우리 비행기는 곧 라스베이거스를 날아갈 예정인데 도박하고 싶은 분은 뛰어내리세요. 생존할 확률이나 도박으로 성공할 확률은 같습니다."

그때그때 상황에 적절한 재치 만점의 유머인 셈이다. 비행기에 탑승한 승객들은 긴장이 풀리고 마음이 즐거울 수밖에 없다. 당연히 같은 노선이라면 이 항공사의 비행기를 다시 타기 마련이다.

유머는 우리를 많이 웃게 하고 즐겁게 해주며 분위기를 밝게 해준다. 유머만 있으면 세상 걱정거리도 없어진다.

한 리서치기관에서 직장 내 인기 있는 남자직원의 스타일에 대해 설문조사를 했는데, 센스 있고 재치 있는 사람이 응답률 53.4%로 가장 많았으며, 풍부한 유머감각의 분위기 메이커가 46.2%로 두 번째를 차지했다. 요즘은 직장이나 모임 등 어디서든지 유머감각이 풍부한 사람은 인기가 좋다.

실제로 젊은 여성들은 유머감각이 풍부한 남성을 배우자로 선호하는 편이다. 젊은 층은 또래끼리 있을 때나 연인끼리 있을 때도 유머가 묻어나는 대화를 즐긴다. 많이 웃게 되고 마음이 즐거워지기 때문이다.

웃음은 우리의 건강으로 이어진다. 한 번 웃을 때의 운동효과는 에어로빅 5분과 맞먹으며, 10초 동안 배꼽을 잡고 깔깔 웃으면 3분 동안 힘차게 보트의 노를 젓는 것과 같은 운동 효과가 있다. 게다가 웃음은 병균을 막는 항체인 인터페론 감마의 분비를 증가시켜 바이러스에 대한 저항력을 키워주며 세포 조직의 증식에 도움을 준다. 특히 웃을 때 분비되는 엔도르핀이나 엔케팔린 등의 물질은 심신의 건강을 되찾게 해준다.

한 의학보고서에 따르면 웃는 사람의 피를 뽑아 분석하면 암종양세포를 공격하는 '킬러 세포'가 생성되어 있다는 연구 결과가 있다. 웃을 때 많이 분비되는 엔도르핀은 모르핀보다 200배나 효과가 큰 우리 몸속의 천연 진통제로, 기분을 좋게 하고 통증과 근심을 줄여주는 신경 호르몬이다. 통증이 심한 환자도 웃으면 강력한 천연진통제인 엔도르핀이 분비되어 고통이 줄어들게 된다. 그러니 웃는 게 얼마나 좋은 것인가?

유머를 통한 웃음의 효과가 이쯤 되니 놀라운 일도 발생한다. 요즘 사설 교육기관에서 웃음운동지도자 과정 합격마스터반이 운영되고 있다. 동영상 강의를 통한 기초능력 향상 교육을 받고 실전 문제풀이집을 통한 실력배양을 한다. 학습과정이 모두 끝나면 자격검정 시험을 치르게 되며, 자격증을 취득하면 집체교육을 통해 실전감각을 익히고 부족한 부분을 보완하게 된다. 얼마나 웃음이 좋으면 자격증까지 생겼겠는가.

남을 잘 웃게 하는 사람들은 노화도 더디게 온다고 한다. 늘 즐겁게 대화를 나누는 게 생활화되어 있기 때문이 아닐까 싶다. 문제는 누구나 유머감각을 갖고 싶어도 쉽게 순간순간 나오질 않는다는 것이다. 재미있게 말하는 재주를 타고난 사람도 있지만 누구든지 노력하면 주변사람들에게 즐겁게 말하는 능력을 갖출 수가 있다. 무엇보다 자신의 마음속을 가볍게 비우고 즐거운 상상과 함께 즐거운 언어를 떠올리면 된다. 유머도 하면 할수록 늘어나기 마련이다. 평소 영화, TV, 책 등에서 인상적이었던 유머나 재치 있는 언어들을 메모해두었다가 적절한 상황에서 사용해보는 지혜가 필요하다. 또 연인과 친구와의 만남이 있을 때마다 미리 인터넷에서 최신 유행하는 유머 한두 가지씩 찾아서 머리에 담아두는 것은 작은 노력이지만 그 효과는 아주 크게 나타날 것이다.

버킷리스트를 작성했는가?

이혼 끝에 혼자 사는 괴팍한 사업가 에드워드(잭 니콜슨)와 처자식을 위해 성실히 살고 있는 자동차 정비사 카터(모건 프리먼)는 대학 동기생인데 나이가 들어 어느 날 병실에서 만난다. 서로 다른 인생을 살아온 두 사람은 오랜만에 만난 동창생이면서도 티격태격하면서 좀처럼 가까워지질 못한다. 사사건건 부딪치지만, 둘 다 시한부 인생임을 알게 된 뒤 대학 신입생 시절 철학 교수가 죽기 전에 꼭 하고 싶은 일, 보고 싶은 것들을 적은 '버킷 리스트'를 만들라고 했던 기억을 떠올린다. 이를 계기로 그들은 죽기 전에 하고 싶던 일들을 마음껏 해보기로 작정하고 병원을 뛰쳐나와서 스카이다이빙, 카 레이싱, 문신, 눈물 날 때까지 웃기, 모르는 사람 도와주기, 세상에서 가장 아름다운 소녀와 키스하기와 같은 정말 다양한 것들을 실행으로 옮긴다.

영화 〈버킷리스트〉의 줄거리다. 이 영화를 보면 우리가 하고 싶은 게 있다면 시간이 더 흐르기 전에 곧장 실행으로 옮겨보는 것이야말로 멋지고 의미 있는 일이라는 게 실감이 난다.

'버킷리스트'란 죽기 전에 해야 할 일들에 대한 리스트다. 다름 아닌 시간이 흐른 뒤 후회하지 않기 위해서 지금 꼭 하고 싶은 것,

꼭 해야 한다고 생각해오던 것을 실행으로 옮기는 것이다.

호스피스 전문의인 오츠 슈이치가 쓴 『죽을 때 후회하는 스물다섯 가지』는 국내에서 이슈가 되었던 책이다. 그는 실제로 죽음 앞에 선 1,000명의 말기 환자들이 갖는 마지막 후회가 무엇인지를 알아보고 이것을 책으로 묶은 것이다. 오츠 슈이치가 뽑은 스물다섯 가지 중 몇 가지를 보면 지극히 평범한 것들이다.

- 사랑하는 사람에게 고맙다는 말을 많이 했더라면
- 진짜 하고 싶은 일을 했더라면
- 만나고 싶은 사람을 만났더라면
- 기억에 남는 연애를 했더라면
- 죽도록 일만 하지 않았더라면
- 가고 싶은 곳으로 여행을 떠났더라면
- 좀 더 일찍 담배를 끊었더라면

어떻게 보면 그렇게 어렵지도 않은 일인데 건강할 때 못했다는 것이다.

살다보면 하고 싶은 것도 많고 해야 할 것도 많다. 열심히 살아온 사람들도 말을 들어 보면 정말 뒤늦게 후회하는 것이 한두 가지가 아니다. 이왕이면 후회할 게 없으면 좋겠지만 어쩌면 후회하는 게 인생이지도 모른다. 다만 후회할 일들이 많은 사람보다는 적은 사람일수록 자신의 인생에 대한 만족도가 높을 것이다.

'늦었다고 생각될 때가 가장 빠르다'는 말이 있다. 64세에 헤어디자이너가 되고 77세에 대학수학능력시험에 응시한 사람도 있다. 정말 멋진 사람들이다. 중요한 것은 실행으로 옮기느냐, 아니면 생각만 하고 실행으로 옮기지 못하느냐에 달려 있다.

버킷리스트는 단지 시한부 인생을 사는 사람들이나 60대 이상의 노년들에게만 필요한 것이 결코 아니다. 20~30대에 이 리스트를 작성하고 하나둘씩 실행으로 옮겼다면 그것은 더욱 가치 있고 멋진 인생을 사는 일이다.

그렇다면 우리가 가장 먼저 할 일은 리스트를 작성하는 것이다. 다음은 우선순위를 정해야 한다. 여러 가지를 동시에 실행으로 옮기는 것은 어렵다. 우선 쉽고 바로 추진할 수 있는 일부터 순위를 정해야 한다. 다음단계는 실행으로 옮기는 것이다. 여기에서는 좀 과감해야 한다. 내가 여행을 떠난다고 하면 자식들이 뭐라고 할까? 내가 공부한다고 하면 주변에서 뭐라고 할까? 영어 공부하는 데 돈이 많이 드는 것은 아닐까? 십 년 만에 그 친구를 찾아가면 반가워할까? 이런 갈등이나 눈치는 보지 말고 과감하게 추진해야 한다. 가족의 도움이 필요하면 솔직하게 털어놓고 도움을 요청하는 게 현명한 일이다. 생각이 너무 깊어지면 실행이 어렵게 된다.

그렇다면, 지금 당장 당신만의 버킷리스트를 작성해보라.

그리고 일단 일을 저질러라.

글쓰기가 싫다면 성공은 꿈도 꾸지마라

세계적인 리더를 많이 배출한 하버드 대학교에서 몇 년 전 설문조사를 했다. 졸업생 중 사회적인 리더로 활동하는 인사들에게 성공의 가장 큰 요인을 물어보았더니 참으로 이색적인 답이 나왔다. 가장 많은 응답자들이 '글 쓰는 능력'을 꼽았다. 우리는 보통 학력이나 인맥으로 보는 경우가 많은데 오히려 '글 쓰는 능력'이 훨씬 더 강력한 성공요인이라는 얘기다.

미국공학교육학회에서도 성공한 엔지니어 245명에게 "자신의 업무에서 기술문서의 중요성과 효과적인 문장력의 필요성은 어느 정도인가"라는 질문을 한 적이 있다. 응답자의 45%가 '필수적'이라고 했고 50%가 '매우 중요하다'고 답했다. 결과적으로 95%가 엔지니어의 업무에서도 글쓰기의 중요성을 인정한 셈이다.

작가도 기자도 아닌데 왜 이처럼 글을 잘 쓰는 능력이 필요하고 중요한 것일까? 글로벌 경제무대에서도 사실 글 잘 쓰는 CEO가 기업의 가치를 높이는 일등공신으로 통한다. 마이크로소프트사의 빌 게이츠, GE의 잭 웰치는 이미 베스트셀러 작가로 유명하다. 실제로 외국에서는 임원이나 CEO를 뽑을 때 반드시 후보자의 필력을 본다고 한다.

우리나라도 최근 들어 달라지고 있다. 사회적으로 성공을 하려면 글쓰기 능력은 필수라는 인식이 점점 확산되고 있다. 국내 유명한 공기업이나 그룹에서 이미 입사와 승진시험 시 논술을 치른다. 종합적 사고능력 평가에 논술만큼 좋은 도구는 없기 때문이다. 또 기술직이든 영업직이든 아니면 일반직이든 직장에서 업무의 상당부분을 글쓰기가 차지한다. 몸으로 때우던 과거와는 달리 글쓰기가 점점 더 중요 업무로 자리 잡아 가고 있다.

CEO의 예만 들어보아도 글을 잘 쓴다는 것은 합리적인 커뮤니케이션 능력이 있다는 것을 증명하는 것이다. 특히 기업 대표들이 글을 잘 쓰면 책 한 권이나 연설 한 번으로 수백억 원 어치의 광고홍보 기능을 수행할 수도 있다. 이뿐만이 아니다. 대학이나 대학원에 진학할 때 자기소개서나 학업계획서, 거기다 논술까지 통과해야 한다. 해외유학을 갈 때도 로스쿨에 가려 해도 에세이를 준비해야 한다. 취업할 때도 자기소개서가 아주 중요한 몫을 차지하는 것은 누구나 다 아는 사실이다. 하버드를 비롯해 MIT, 스탠포드 등 대부분의 미국 명문대학에서는 이미 오래전부터 '에세이'라는 교과 명으로 학생들에게 글쓰기 수업을 필수적으로 이수하도록 하고 있다. 여기에 비하면 작문실력 갖추기에 있어서 우리의 교육정책은 한발 늦은 셈이다.

우리나라는 조선시대부터 '신언서판(身言書判)'이라고 해서 인재를 판단하는 기준 4가지 중 하나가 바로 글 쓰는 능력이었다. 시대가 산업화에 맞게 획일화된 암기식 교육방식에만 집중하다 보니 상대적으로 글쓰기가 소홀해진 것이다.

요즘 기업에서 감성경영이 인기를 끌고 있다.

그 대표적인 예는 CEO가 직원들에게 e-메일을 보내는 것이다. 인기 있는 상사들일수록 부하직원들에게 메일로 위로도 하고 축하도 해준다. 수필이든 보고서 글이든 어떤 글이든 간에 잘 쓰려면 나름대로 노력이 필수다. 지인 중 한 사람은 2년 넘도록 매주 일요일마다 메일로 편지를 보내준다. 그는 한 주 동안 책이나 신문 잡지에서 읽은 내용 중 모든 사람들에게 소중하다 싶은 것을 자신의 글로 재가공하여 메일 서비스를 한다. 이런 식으로 수백 명에게 보내는데 그는 이것이 자신만의 인맥관리 비법이자 글쓰기 능력을 키우는 일이라고 한다.

■ 글 잘 쓰기 테크닉 7가지

일기를 써라

일기를 쓰기 싫으면 하루에 한두 통이라도 업무가 아닌 친구나 부모님 선배 이런 사람들에게 인사 안부를 묻는 메일을 보내는 것이다. 문장 실력이 달라진다.

책은 눈에 보이는 대로 손에 잡히는 대로 읽어라

많이 읽어야 머릿속 지식 창고에 많은 자료가 남게 된다. 자료가 많아야 글을 쓸 때 순간적으로 자신도 모르게 관련된 내용을 떠올리게 된다.

잘 쓰인 다른 글의 형식을 모방해라

기사를 처음 배울 때 잘 쓴 어느 기자의 글을 세 번씩 네 번씩 써 본 적이 있다. 매우 효과적이었다. 모방이 창조를 낳는다는 말은 맞다.

6하 원칙을 늘 머릿속에 심어두어야 한다

단순한 얘기 같지만 글을 쓰다보면 이 6하 원칙을 제대로 지키기가 어렵다. 때문에 이것을 의식하고 글을 쓰면 절대 흐름이 빗나가질 않는다. 제안서나 결과 보고서 같은 경우 더욱 그렇다.

글쓰기 전에 반드시 원고 디자인을 해라

글을 쓸 때는 먼저 총 분량(원고매수)을 계산하고 한 가지 테마를 풀어가더라도 어떤 내용을 어느 정도 분량으로 작성하여 총 분량을 채울 것인가를 생각해야 한다. 이런 방식을 택할 경우 글이 엉뚱한 방향으로 흘러가거나 중요하지 않은 내용을 너무 길게 늘어뜨리는 오류를 범하지 않게 된다.

단락구성은 필수다

단락구성 없이 문장을 제멋대로 이어나갈 경우 그 글을 읽는 사람으로서는 여간 혼란스러운 일이 아니다. 글쓴이가 어떤 말을 하려는 것이고, 무엇을 강조하고자 하는 것인지조차 알 수 없어 글의 맛을 느끼지 못하게 된다.

장문 단문을 혼합 사용해라

어떤 글을 보면 한 개의 문장이 A4 용지 대 여섯 줄을 이어가는 경우가 있다. 그야말로 숨이 막히는 글이다. 문장을 구성할 때는 단문과 장문이 섞이면서 리듬을 타는 것이 가장 좋다. 연구 논문이나 학술서라면 몰라도 일반적인 에세이 작성에는 장단문 혼합사용이 필수다.

걷기에도 노하우와 기술이 있다

영국 걷기운동본부의 설립자이자 '파워 워킹'의 전도사인 '니나 바로우'는 걷기 실천을 통해 유방암을 극복했다고 한다. 또 걷기운동 전도사인 국내 한 저명인사는 공식행사에 참가할 때도 당당하게 '운동화'를 신는다. 청와대에서 대통령을 만날 때도 운동화를 신고 갔다고 한다.

걷기운동이 좋다는 것을 모르는 사람은 없다. 최근 몇 년 사이에 그야말로 걷기운동 열풍이 지속되고 있다. 무엇이 어디에 좋다는 말만 번져나가면 너도 나도 뜨겁게 동참하는 우리나라 국민들의 의식풍토 때문인지 요즘 아침저녁으로 공원이나 집근처에서 걷기 운동하는 사람들이 부지기수다. 소위 '둘레길'이라고 하는 유명한 산책코스들은 전국적으로 관광객들이 몰려들어서, 하루 종일 걷는 사람들로 넘친다.

걷기운동이 좋은 것은 사실이다. 실제로 걷기를 시작하면, 일주일만 지나도 몸의 변화를 바로 느낄 수 있다. 소변, 대변이 잘 나오고 체중이 빠지고 근육도 탄탄해진다. 특히 고혈압, 심장병, 당뇨병 환자들의 경우 치유 효과가 탁월하다. 또 남자들 전립선 질환도 걸으면 100% 좋아지고, 여자들이 잘 걸리는 유방암의 예방과 치료에도 걷기는 매우 효과적이다. 문제는 걷기운동의 효과를 제대로 보려면 걷기운동에 대한 구체적인 실행방법을 제대로 알고 걸어야 한다는 것이다.

돈이 안 들어가고 특별히 장소를 찾아다니지 않아도 가능한 운동이기 때문에 처음에는 쉽게 생각하는 사람들이 많다. 걷기운동이 좋다고 하니까, 많은 사람들이 일단 걷고 보자는 생각을 갖는다. 몸에 좋다고 뭐든 많이 하는 게 최선은 아니다. 연령에 따라 건강상태에 따라 적정보행 수에 맞춰 걷는 것이 필수다. 만보계를 이용하면 적정 보행 수에 맞춰 걷기가 가능하지만 이보다 간편한 방법이 있다.

노래를 부르면서 걸을 수 있을 정도의 속도로 30여 분 정도만 걸으면 걷기운동은 충분하다. 등에 땀이 난다는 것을 느낄 수 있을 정도가 되어 기분도 가벼워진다. 날마다 이렇게 걸으면 정말 좋겠지만 생활하다 보면 일주일 내내 걷는다는 게 쉽지 않은 일이다. 걷기운동은 주 4회 정도 30분씩만 걸어도 건강에는 큰 도움이 된다.

한국골든에이지 포럼의 〈걷기운동 지침서〉에 따르면 같은 연령대일지라도 상중하로 나눠, 주간 일간 적정 보행수가 있다.

걷기운동에도 정석이 있다. 발동작, 손동작이 아주 중요하다. 발동작은 먼저, 무릎을 뻗거나 굽히지 않은 자연스러운 상태를 유지하면서, 왼발을 먼저 앞으로 가져간다. 이때 발가락이 약간 위를 향하도록 해야 하며 왼발부터 바닥에 내려놓는다. 이때 오른발은 움직이지 않아야 한다. 단 왼발 뒤꿈치가 땅에 닿으면 오른발을 들어 오른발 앞꿈치와 왼발 뒤꿈치에 체중이 똑같이 나눠지도록 해야 한다. 걷기운동에서는 왼발의 포즈가 아주 중요하다. 왼발로 땅을 구르듯이 하면서 체중을 왼발에 실어주고 오른발은 앞꿈치로 땅을 힘차게 밀어내는 방식이다.

그렇다면 손은 어떻게 할까? 먼저 양팔을 90도로 구부리고 물건을 쥐고 있는 듯이 살짝 주먹을 쥐어준다. 발과 반대 방향으로 팔을 앞뒤로 움직이면서 자연스럽게 흔들되 팔꿈치가 배 부위 정도로 올라오면 좋다. 보폭은 자기 신장의 40%를 넘지 않도록 하고 허리와 등을 펴고 턱을 목 쪽으로 약간 당긴 채 시선은 전방 10~15m에 두고 걷는 게 올바른 걷기 자세다.

'이왕이면 다홍치마'라고 하지 않던가. 마음 편안하면서도 즐거운 운동이 되려면 안전사고의 위험이 없는 곳이어야 한다. 그리고 가능한 집에서 가까운 대기 오염이 적은 곳을 찾아 걷는 게 좋다. 요즘은 지방 자치단체에서 마련해 놓은 산책로나 강변 또는 야산의 등산로가 많아서 이런 장소들을 이용해볼 필요가 있다. 그리고 차들이 많이 다니는 도로는 가급적 피하는 것이 현명한 선택이다.

걷기운동에서 또 한 가지 빼놓을 수 없는 게 바로 신발이다. 걷기 운동 시에는 신발이 아주 중요하다. 신발은 일단 걷기에 편안하고, 발에 상처를 내지 않을 수 있도록 마감이 잘 되고, 발목을 싸주는 가벼운 신발이어야 한다. 신발 밑창은 어떤 길을 걷더라도 걷기로 인한 관절의 충격을 흡수해 줄 수 있어야 한다. 요즘 시중에 워킹신발이 많이 나오는데, 어떤 것은 정말이지 위험할 정도로 바닥이 너무 높거나 앞뒤 균형을 잡기 힘든 것도 있다. 길거리에서 무조건 싼 것만 찾지 말고 돈이 조금 들더라도 안전성을 인정받은 신발을 선택해야 한다.

걷기 운동을 할 때는 기온이나 날씨도 고려하여야 한다. 나이가 들수록 체온조절 반응인 자율신경 조절 능력이 떨어지는 경우가 간혹 발생하므로 너무 뜨거운 여름 낮 시간이나, 온도가 너무 낮은 시간은 피하는 것이 좋다. 특히 계절이 바뀌는 시기는 아침과 한낮 기온차가 크기 때문에 아침에 갑자기 찬바람을 쐬어서 예기치 않은 큰일을 당하는 이들도 있다. 반드시 유의해야 할 사항이다.

■ 걷기운동을 지속하기 위한 몇 가지가 테크닉

공부든 운동이든 하다말면 시작하지 않은 것만도 못하다는 말이 있다. 걷기운동은 지속적이고 반복적이어야 하는 운동이므로 인내력이 요구되는 운동이다.

첫째, 일주일에 한두 번은 새로운 코스를 택하라. 늘 같은 길만 걷는 것도 걷기운동에 싫증을 느끼게 할 수 있다. 좋은 방법은 은행 등 일 보러 갈 때 걷기운동을 하는 것이다. 예를 들면 의도적으로 집 근처 은행을 가지 않고 서너 정거장 떨어져 있는 곳을 선택하면 된다.

둘째, 휴대폰을 반드시 챙기는 게 좋다. 혼자 걷다보면 많이 지루하기도 하고 재미가 덜해진다. 이럴 때는 중간 중간 잠깐 앉아서 쉴 수 있는 곳에서 친구나 평소 안부를 전하지 못한 지인들이나 또는 부모님이나 형제들과 전화통화를 즐기면 좋다.

셋째, 움직이는 데 크게 불편함이 없고 시간적 여유가 있다면, 도심외곽으로 나가서 한적한 길을 걸어보는 것이 아주 좋다. 주로 하천변 제방길이 잘되어 있는 편. 날씨 좋은 날에는 이런 곳에 가서 자연을 벗 삼아 잠시 색다른 분위기도 느끼게 된다. 멀리 간다고 생각하지 말고 버스 타고 잠시만 나가면 좋은 장소가 많다.

이미지 메이킹이 성공을 이끈다

　세계적인 콜라 제조 회사의 제품에는 아주 특별한 이야기가 숨어 있다. 크리스마스 때면 의례적으로 산타클로스는 빨간 옷을 입고 나타난다. 초록색, 노란색, 흰색 복장을 한 산타클로스는 볼 수가 없다. 여기에 한 가지 의문이 생긴다. 도대체 왜 산타클로스는 빨간색 옷을 입고 있는 걸까?

　사실 산타클로스는 본래 초록색 옷, 흰색 옷 등 여러 가지 색깔의 옷을 입었다. 그런데 언제부터인가 하나같이 빨간색 옷을 입게 된 것은 한 음료회사의 영향이 컸다. 이 음료회사가 여름철에는 매출이 오르다가 추운 겨울만 되면 판매가 잘 안 되는 문제점을 개선하기 위해 여러 가지 아이디어를 생각했다. 겨울철의 대표적인 스토리를 찾아서 자사의 이미지 메이킹에 쓸 수 있는가를 고민했고 그 결과 산타클로스를 떠올렸다. 산타클로스가 열심히 선물을 배달하다가 시원한 음료를 마시는 장면을 광고에 쓰기로 했는데 이때 자기 회사 음료의 색깔인 빨간색 옷을 산타클로스에게 입혔던 것이다. 이 광고를 본 사람들은 은연중에 겨울에도 이 회사의 붉은색 음료를 마시게 되었고 결국 비수기의 매출이 올라갔다는 얘기다.

21세기는 이미지 메이킹 시대라고 할 만큼 요즘 '이미지 메이킹'이라는 말을 많이 쓴다. 기업이든 사람이든 자신의 이미지를 대외적으로 각인시키는 일이 나름대로 중요한 시대가 된 것이다. 기업이나 기업의 제품 이미지 메이킹은 CI, BI로 불리면서 기업성장과 매출상승에서 큰 힘을 발휘한다. 사람도 마찬가지다. 요즘은 정치인들이나 기업인들도 이미지 메이킹은 피해갈 수 없는 자기관리가 되었다.

전 세계적으로 주목받고 있는 젊은 대통령이자 미국 최초의 흑인대통령 오바마는 그 대표적인 인물이다. '오바마 대통령' 하면 미국인은 물론이고 지구촌 많은 사람들이 '개혁, 성공, 열린 마음, 변화' 이런 단어들을 떠올린다. 그는 대통령 선거 운동 당시 이런 단어들과 관련된 이미지를 강화하는 데 성공한 케이스다. 특히 연설할 때 유창한 화술로 이미지를 강조했고, 결국 이미지 메이킹에 성공한 대통령이라는 평가를 받았다.

대통령이 된 후에도 오바마의 이미지 메이킹은 끊임없이 이슈가 되었다. 대통령 취임식에 오바마 부부는 디자이너의 옷은 일부러 고사하고 평소대로 입어 시선을 주목시켰다. 오바마는 평범한 싱글 버튼에 블랙 슈트, 거기다가 흰색 셔츠를 입었는데 일부는 '너무 평범하다', '촌스럽다' 이런 평가도 했지만 이미지 메이킹 전문가들은 만일 오바마가 몇 천만 원대의 디자이너 수트를 입고 나타났다면 백악관 집무실에 앉아 보기도 전에 '국민 밉상'으로 등극했을지도 모른다고 말했다.

오바마는 타이를 통해 말하고 싶어 했다. Y 매듭으로 단정하게 맨 붉은색의 도트 무늬 타이는 대통령의 권위와 힘을 상징적으로 강조하면서 그의 피부색과도 잘 어울려서 보다 강렬한 이미지를 발산했다.

21세기가 이미지커뮤니케이션 시대인 것은 부인할 수 없는 사실이다. 정치인 기업인 유명인사가 아닐지라도 직장인이든 자영업자든 누구나 자신들의 부가가치를 최고로 높이고 싶다면 자기만의 고유한 이미지를 구축할 필요가 있다. 제아무리 업무 실력이 뛰어나다 할지라도 사회가 요구하는 전략적 이미지, 즉 직위에 걸맞은 이미지를 연출하지 못하면 자신도 모르는 사이에 조직에서 밀려나게 된다. 따라서 자신의 이미지 비전(vision)을 높이지 않으면 치열한 경쟁 사회에서 살아남을 수 없다. 성공하고 싶다면 자신의 능력을 더 빛나게 해줄 수 있는 이미지 메이킹을 시도해 보는 게 좋다.

그렇다면 우리는 각자의 이미지 메이킹을 어떻게 해야 할까? 이미지 메이킹 전략 전문가들은 먼저 자신의 성향과 장점을 부각시키는 이미지 메이킹이 필요하다고 말한다. 이미지는 실제 행동과 말에 영향을 미치기 때문에 자신의 성향에 맞고 강점을 부각시킬 수 있는 이미지 메이킹이어야 효력을 발휘하기 때문이다. 그리고 자신이 지향하는 이미지에 맞게 자기계발도 해 나가면서 전체적인 자신만의 이미지를 만드는 것이 매우 중요하다.

하루아침에 이미지 메이킹에 성공하려고 하지 말고 시간을 갖고 만들어가야 한다. 너무 급하게 이미지를 만들려고 하기보다는 '꾸준히 이미지화 시킨다'는 목표를 정한다. 자신의 성격과 태도, 커리어, 취미, 인간관계와 어울리는 자신만의 외면적 이미지를 발전시켜 나갈 때, 결국 자신이 원하는 성공적인 이미지를 가꿀

수 있다. 이렇게 한 번 구축된 이미지는 자신의 노력과 상승작용을 하여 실제로 더 크게 성장해 나가는 데 많은 도움을 주게 된다.

이미지 메이킹과 관련하여 중요한 또 한 가지는 벤치마킹 모델일이다. 자신이 닮고 싶은 모델이 있다면 그 사람의 사진을 자신의 거울 앞에 붙여놓고 매일 보는 것이다. 그 모델의 외면과 내면에서 우러나오는 카리스마를 닮기 위해 하루하루 노력해라. 이렇게 모델 벤치마킹을 하다 보면 언젠가 나도 모르게 그 모델과 비슷한 자신만의 이미지가 구축되어 있는 것을 발견할 수 있을 것이다.

느림의 미학을 즐겨라

미국의 오지탐험가이자 작가인 댄 뷰트너가 장수의 비결을 알아보려고 자전거로 6대륙을 횡단하면서 7년에 걸쳐 여러 나라의 장수 마을을 찾아 장수의 비결을 연구했다.

'블루존(Blue Zone)',* 즉 장수 마을인 이탈리아 사르데냐섬 바르바지아 마을, 일본 오키나와, 미국 캘리포니아 주 로마린다, 코스타리카의 니코야 반도 등을 찾아가 조사한 결과 인간의 수명에 유전자가 중요한 요인이기는 하지만, 장수여부를 결정짓는 가장 중요한 요소는 환경과 생활습관이라는 결론을 얻었다고 한다. 생활습관 중 우리는 흔히 식생활을 장수비결로 많이 꼽는다. 그러나 댄 뷰트너는 이보다 더욱 눈에 띄는 비결로 '자연스러운 활동'이라는 것을 발견했다. 블루존 노인들을 만나면 저절로 웃음과 감탄이 나올 만큼 활력 있고 생기 있게 살고 있었던 것이다.

이탈리아 사르데냐의 경우 노인들은 언덕이 많은 지형 덕에 자연스럽게 운동량이 늘고, 오키나와 노인들은 텃밭을 가꾸면서 적당히 움직이며, 니코야의 노인들은 일상적인 허드렛일에서 기쁨을 찾는다고 한

---

* '블루존(Blue Zone)'이란, 이탈리아 의학 통계학자 자니 페스 박사가 만든 용어로 장수 인구의 비율이 다른 곳보다 월등히 높은 지역을 일컫는다.

다. 또 장수 노인들은 자녀, 손자 손녀와 함께 살면서 집안일을 돌보며 이웃들과 자주 왕래하는 것도 특징이다.

이쯤 되면 블루존을 통해 우리는 '속도 늦추기'가 중요하다는 것을 알 수 있다. 블루존 노인들은 천천히 주위를 둘러보며 산다. 자연스러운 활동과 가족이나 친구와의 유대감 모두 느긋한 삶과 관련된다. 느린 삶에서 행복감을 느끼면 만성 염증을 줄일 수 있어 질병도 막을 수 있다고 한다. 이것이 바로 우리가 느림의 미학을 즐겨야 하는 이유인 것이다.

느림의 철학은 꼭 장수를 위해서가 아니더라도 우리 한국인들에게는 반드시 필요한 것이 아닐까 싶다. 우리의 생활문화는 좀 서두르고 급하다. 이 때문에 외국인들에게는 우리나라가 '빨리빨리의 나라'라는 인식이 강하다. 회사에서 직장인들은 일을 빨리 처리하지 않으면 뭔가 불안해한다. 물론 긍정적인 영향을 미치거나 좋은 결과를 가져온 점도 있다. 급속한 경제성장을 일구었고 IT강국이 되었다.

건강과 관련하여 특히 위장 건강을 생각하면 우리의 빨리빨리 문화는 결코 좋지 않다. 한국 사람들은 동양의 다른 나라 사람들에 비해서 식사를 빨리 끝내려고 하기 때문에 유독 식사시간이 짧은 편이다. 문제는 음식을 급히 먹으면 포만감을 쉽게 느낄 수 없다. 따라서 식사량은 늘어나게 되고 과식을 하는 일도 잦아지게 된다. 우리나라의 소화제가 유독 발달한 원인도 바로 여기에 있다. 심한 경우 약을 먹어도 시원치 않은 느낌이 든다. 혹시 큰 병이 생긴 것은 아닐까 병원에 가서 내시경 검사를 받아보지만 특별한 병명은 나오지 않고 신경성이라는 결과만 나온다.

만성화된 소화불량 증세에 대해 전문의들은 위장이 굳는 '담적병'일지도 모르니 주의해야 한다고 한다. 소화불량이나 위염과 같은 증세를 보이는 것은 담적의 한 증상이라 할 수 있다. 담적이란 급식과 과식 등으로 인해 위장이 음식을 모두 소화시키지 못했을 때, 위장에 남은 음식 찌꺼기가 위 외벽의 방어체계를 손상시키며 위 외벽으로 스며들어 딱딱해지는 것을 말한다. 이 담적의 독소가 전신으로 퍼지게 되면 위장뿐 아니라 만성피로, 치매, 당뇨, 신장질환 등의 문제까지 가져올 수도 있다.

일도 식사도 대화도 좀 더 여유를 갖고 차분하게 하면 좋지만 우리나라 사람들은 대부분 만성이 되어서 고쳐지지 않는 편이다. 특히 성격이 좀 급한 사람들은 대화나 행동이 일방적인 경향도 있고 그것 때문에 자신 스스로도 스트레스를 많이 받게 된다.

저자의 경우 외출할 때 너무 서두르다가 휴대폰을 놓고 온 것이 생각나서 다시 집에 들어간 적이 여러 번이다. 잡지사나 신문사에 원고를 기고했을 때 내용은 나름대로 괜찮았는데 중간에 뭐 한 줄을 빼먹었든지 오탈자가 많다든지 이런 일이 가끔씩 발생하기도 한다.

여하튼 남녀노소를 막론하고 건강하게 오래 살고 싶다면 급한 성격을 좀 바꾸고, 생활 속에서 느림의 미학을 실천하는 것이 반드시 필요하다.

■ 느림의 미학을 즐기려면

우선 일할 때는,

급하다고 느껴질수록 정석대로 순리대로 하는 것이다. 그러다 보면 빼놓거나 실수하는 일도 없고 스트레스도 덜 받는다.

식사 때에는,

정말 편안하고 천천히 한다. 혼자서 그게 잘 안 되면 가족이나 동료들과 함께 대화를 나누면 천천히 식사하는 습관이 생긴다.

대화 할 때는,

일단 상대의 말을 경청하고 자기가 할 말은 늦게 그리고 천천히 또 목소리 톤을 적당하게 한다. 성격 급한 사람들일수록 말하다보면 자기도 모르게 목소리가 커지는 경우가 있다.

독서를 하라

하루에 단 몇 십 분일지라도 책을 읽은 시간을 가지면, 마음을 좀 여유 있게 해준다.

333으로 삼삼하게 즐겨라

'세월이 유수 같다'는 말도 있고 '흘러가는 세월을 잡을 수는 없다'는 노랫말도 있다.

"아니 어느새 내 나이 사십이네."

"한 해가 시작된 지 엊그제 같은데 벌써 두 달이 흘렀어!"

잠시도 시계바늘은 멈추지 않는다. 그러니 흘러가는 시간 앞에서는 아무리 잘나고 똑똑하고 돈 많은 사람도 불가항력이다. 시간을 붙잡아둘 수는 없다. 그러나 현실적으로 좋은 방법이 있다면 주어진 시간을 좀 더 가치 있게 알차게 보내는 것, 333으로 삼삼하게 살아보는 거다. 그래야만이 적어도 덜 서운하고 덜 후회하게 될 테니까.

'삼삼하다'는 것은 '마음이 끌리게 그럴듯하다'는 뜻이고 삼삼하게 산다는 건, 좀 더 의미 있게 살자는 얘기다. 그렇다면 마치 암호 같은 333이란 숫자가 궁금하지 않을 수 없다. 333은 하루를 3일처럼 알차고 소중하게 살아보자는 제안의 숫자다.

첫 번째 3은, 하루에 세 가지 가치 있는 일을 하는 것이다. 가치 있는 일이라고 해서 너무 거창하게 생각하면 부담스럽다. 어떤 일이든지 마음으로 최선을 다했다면 스스로 가치를 부여해주면 된다. 예를 들어 힘들고 어려운 이웃이나 친구가 있으면 말 한마디라도 따뜻하게 해주고, 또 사랑하는 가족들에게 그들이 좋아할만한 일을 해주는 것도 가치 있는 일이다. 배우고 싶은 것이 있으면 매일같이 단 한 시간 아니 삼십 분일지라도 실천으로 옮긴다면 이 또한 마찬가지로 가치 있는 일이다.

하루 세 번 가치 있는 일을 하는 것, 그것은 정말 의미 있는 삶을 사는 것이지만 단지 가치 있는 일을 하는 것으로 끝내지 말고 자신이 한 일에 대해 일기를 쓰면 더욱 좋다. 오전에, 오후에, 저녁에, 가치 있는 일을 하나씩 하고, 세 번 일기를 쓰는 거다. 일기라고 해서 장황하게 쓸 필요는 없다. 메모식으로 몇 줄씩이라도 쓰면 된다. 이렇게 100일간 하면 뇌가 바뀐다. 실제로 의학적으로 뇌가 즐겁고 건강해진다고 한다.

두 번째 3은, 세 번 이상 사진을 찍을 때처럼 환하게 웃는 것. 설령 웃을만한 일이 없다 할지라도 거울을 보고 혼자서 밝게 웃어보면 저절로 마음이 즐거워진다. 아니면 TV 오락프로그램을 보고 웃어도 좋다. 웃는 얼굴만큼 행복해 보이는 얼굴은 없다. 많이 웃을수록 건강에도 좋은 영향을 미친다. 웃음보다 더 좋은 보약은 없다고 한다. 때문에 "세상에서 가장 약효가 좋은 건강식품이 다름 아닌 바로 웃음"이라는 얘기도 있다. 공감이 가는 말이 아니던가.

세 번째 3은 하루에 세 명과는 반드시 소통하는 것이다. 특히 내성적인 사람들, 말수가 적은 사람들은 스스로를 세상 사람들과 단절시키는 편이다. 가족들과 대화도 나누고 친구들에게 전화를 걸어서 안부도 묻고 세상 돌아가는 얘기도 하고 약속도 잡는 거다. 직장인이나 사회활동을 왕성하게 하는 젊은 층이 아닌 가정주부나 나이 들어 집에 있는 시간이 많은 노인일지라도 하다못해 아파트 경비실 아저씨들과 인사를 나누며 대화를 하고 동네 슈퍼마켓에 가서 주인과 사소한 대화를 나누는 것이 소통이다. 주위 사람들과 교류하며 사는 것 자체가 아주 좋은 소통이다. 소통을 잘하면 인생은 3배가 아니라 10배로 즐겁게 살 수 있다.

살다보면 우리는 가끔씩 이런 생각을 한다.

"나는 오늘 얼마나 가치 있는 시간을 보냈는가?"라고.

그럼에도 불구하고 주변사람들과 전화를 할 때 "오늘 어떻게 보냈어? 좋은 일 많았어?"라는 질문을 받을 때마다 적지 않은 사람들이 "뭐 그날이 그날이지. 별거 있어?"라고 답한다. 물론 말 주변이 없어서 또는 자랑하고 싶지 않아서 대충 그렇게 답변하는 이들도 있겠지만 실제로 하루를 의미 없이 보냈기 때문에 그렇게 말하는 사람들도 많다.

"그저 그래"

"그날이 그날이야"

이게 사실이라면 그 사람은 또 하루라는 시간을 무의미하게 죽이고 산 것이다. 결국 인생의 가치를 못 느끼게 된다. 뜨거운 열정으로 333을 실천하면, 마치 1년을 3년처럼, 인생을 3배로 사는 것과 같아서 정말 의미 있고 가치 있는 인생이 될 것이다.

■ 333 해피인생 테크닉

하루 세 번 인사

같이 일하는 동료나 가족들에게도 하루 세 번 인사를 하면 좋다. 아침에는 "좋은 아침입니다", 점심에는 "즐거운 오후입니다. 힘냅시다!" 저녁에는 "남은 시간도 즐겁게 보내세요" 이렇게 말해주면 서로가 즐겁다.

하루 세 끼 챙겨먹기

하루 세끼를 제시간에 반드시 챙겨먹는 것도 건강을 위해서는 아주 중요한 실천방법이다.

하루 세 번 명상 즐기기

5분 10분씩이라도 명상을 즐기는 것도 좋다. 머리가 맑아지고 욕심을 버릴 수 있는 마음도 생긴다.

하루 세 번 칭찬하기

같이 일하는 동료들이나 가족들에게 하루 세 번 칭찬을 하는 것이다. 칭찬은 고래도 춤추게 한다고 한다.

하루 세 번 노래하기

하루 세 번 한 곡씩 즐거운 노래를 부르는 것도 정신건강에 아주 좋은 방법 중 하나다.

진정한 블랙퍼스트는 '水'로 시작하라

어떤 사람이 위장병으로 몇 년간 고생을 했다. 처음에는 그저 과음 과식 때문이려니 했는데 시간이 흘러도 여전히 음식만 먹으면 소화가 안 되어 결국에는 병원에 갔더니 신경성 위염으로 판명이 났다. 꾸준히 약 먹고 운동을 했는데도 별 차도가 없었다. 이쯤 되다 보니 소화 기능의 불편함 그 자체가 스트레스가 되어 오히려 증세는 더욱 심해져만 갔다. 이때 지인이 한 가지 방법을 알려주었다.

그 특명은 다름 아닌 아침에 일어나자마자 가장 먼저 물 한 컵을 마시라는 것. 날마다 이 같은 습관을 들이면 위가 건강해진다는 것이었다. 생각해보니 어려울 것 없고 물 한 컵 마셔서 크게 손해 볼 일 없으니 습관을 들였는데 시간이 흐를수록 소화가 잘 되면서 1년 지나니까 아주 깔끔하게 소화 안 되는 증세가 사라졌단다. 신기한 일이다.

개인적으로 저자는 이런 정보를 오래전에 알고 있었다. 하지만 이런 얘기를 사람들에게 들려주면서도 괜히 내 말대로 했다가, 건강에 이상이 생기면 어쩌나 하고 걱정했다. 그러나 놀랍게도 의학적으로 근거가 있는 말이었다.

진정한 블랙퍼스트(breakfast)는 '물'로 시작하라'는 말이 있다. 아침에 일어나자마자 물부터 마시면 아주 좋다고 한다. 시원한 물을 씹어 먹듯 한 모금씩 천천히 3분간에 걸쳐 마시는 것은 변비 치료에도 도움이 되고 밤새도록 몸 안에 쌓인 노폐물을 밖으로 내보내는 데도 아주 효과적이기 때문이다.

아침에 일어나면 우리의 장은 움직이지 않고 가만히 있는데 무언가를 먹어서 위를 움직여야만 장도 따라 움직인다. 아침에 일어나자마자 찬물을 마시면 위를 놀라게 해 장을 더욱 활발하게 만들어주어 배변에 도움이 되는 것이다. 변비가 있는 사람에게 아침 공복에 찬물 한 잔은 '약'이 되는 셈이다.

단 과민성대장증후군이 있는 사람들은 설사를 하는 경우가 종종 있다. 이런 사람들은 알칼리 이온수를 마시면 증상에 도움이 된다. 또 위염이나 십이지장염, 위궤양, 대장염, 가스가 생기는 소화불량 등의 위장장애가 있는 경우에는 반드시 식사 30분 전, 식사 30분 후에 한 컵 이하의 물을 마시는 것이 소화에 도움이 된다. 이뿐만이 아니다. 일과 중에 지치거나 피곤할 때 자극적인 커피나 식품첨가제가 들어있는 음료를 마시는 것보다는 물을 한 잔 마시면 피로도 풀리고 지루함도 덜 수 있다. 특히 늦은 오후에 출출함을 느낄 때 물 한 잔을 마시는 것은 군것질 욕구와 흡연 욕구를 모두 줄이는 데도 도움이 된다.

우리 인체의 70%가 수분이라 한다. 수분은 곧 우리 몸을 움직이는 코치다. 한마디로 물을 충분히 마시면 그만큼 좋다는 것이다. 물은 우리 몸 자체의 기초대사량을 높여주기 때문에 인체의 전반적인 활성화에 아주 큰 역할을 한다. 따라서 우리 인체에 물이 부족하면 에너지가 부족해진다는 얘기나 다름없다. 물을 마시는 그 자체만으로도 에너지가 생겨서 우리 체내의 활동이 활발해지고 저절로 건강 유지가 된다.

그렇다면 하루 물 섭취량은 어느 정도가 좋을까? 보통 성인은 하루에 2리터 정도의 물을 마셔야지 충분하다고 하는데 1.6리터 이상만 마셔주면 수분부족이나 기초대사량 부족현상은 나타나지 않는다. 단 물은 충분히 마시되 조금씩 나눠 수시로 마시는 것이 좋다. 2리터, 1.6리터 하니까 그걸 때마다 어떻게 맞춰서 마시냐고 하는 사람들도 있다. 간단하다. 우리가 마시는 생수병 큰 것이 보통 2리터. 음료수 큰 것이 1.5리터나 1.8리터 정도이니 페트병 용량을 감안해서 마시면 아주 좋다.

■ 놀라운 건강상식

피부 美人은 물을 많이 마신다

나이가 들수록 피부가 거칠어지는 것도 수분함량과 상관이 있다. 아기는 피하조직 수분 함유량이 88%이지만 20대가 되면 68%로 줄어든다. 그리고 60대가 되면 40% 이하가된다. 나이 들수록 체내의 수분함량이 줄어드니까 물을 많이 마셔야 하는 이유가 여기에 있다. 특히 환절기나 겨울철에는 피부에 트러블이 많이 일어난다. 어느 순간 각질이 일어나고 트러블이 생기며, 수분이 다 빠져나간 듯 피부가 얄팍해지면서 축축 늘어지는 그런 현상도 생긴다. 공기가 건조한데다 기후변화에 신체 리듬이 따라가지 못해서 생기는 현상이다. 물을 많이 마시면 이런 걱정은 하지 않아도 된다. 물 마시는 습관은 피부 건강과 밀접한 관계가 있다. 우리가 물을 마시면 수분은 가장 먼저 뇌에 공급된다. 다음으로 폐와 간 같은 장기, 근육과 뼈, 피부에 순차적으로 제공된다. 따라서 물을 마셔야 피부에 충분한 수분이 공급되어 피부도 매끄러워지고 소화도 잘되고 건강에도 두루두루 좋은 것이다.

목표는 가볍고 즐겁게 세워라

누구나 해가 바뀌면 새로운 목표를 세우고 소원을 빈다. 언젠가 친한 친구가 하는 말이 자신의 새해 목표는 토끼 같은 늦둥이를 낳는 거란다. 나이 오십 다 되어서 늦둥이 갖는 것은 능력만 된다면 얼마든지 그렇게 하라고 마음으로라도 밀어주고 싶지만 문제는 나이 든 산모에게는 쉽지 않은 일이다. 그러니 친구의 아내는 당연히 임신을 원하지 않는다고 했고 반대로 친구는 날마다 '토끼 같은 늦둥이 낳게 해 달라고 기도한다'는 얘기를 듣고 한바탕 웃었다.

목표를 세우는 것은 박수를 쳐줄 만한 일이다. 다만 과욕을 부리는 목표는 피하는 게 좋다. 세상일이란 게 다 내 욕심대로만 되는 게 아니다. 게다가 자신의 나이나 능력에 비해 너무 무리하게 목표를 세우다 보면 오히려 건강을 해치고 아까운 시간만 낭비하는 일이 되기도 한다. 따라서 현실적인 목표를 세우되 이루고자 노력하는 과정에 즐거움을 느낄 수 있다면 이보다 더 좋을 수는 없다.

목표는 반드시 있어야 한다. 뭔가 이루려는 욕심이 없으면 정말 사는 게 재미없고 무의미하게 느껴진다. 목표를 세우고 추진할 때는 무엇

IT'S (잇츠)

보다도 체력을 포함한 자신의 능력을 감안하고, 두 번째는 시간을 고려해야 하며, 세 번째는 비용을 생각해야 한다.

인터넷 블로그에 연말연시에 관련하여 10계명이 올라왔는데, 그 중에 아주 인상적이고 재미있는 내용이 있었다. 1부터 10까지 숫자에 맞춰서 첫 문장을 만들었다. 유난히 가슴에 와 닿는 것이 있었다.

다섯 번째, 5는 "오기 부리지 말자"이다. 오기는 긍정의 힘이 아니라 부정의 힘이기 때문에 결국은 자신을 고꾸라지게 만들고 이웃을 병들게 하고 세상을 망치게 한다는 것이다. 일리가 있는 말이다. 그 다음 7은 "칠십 프로에 만족하자"이다. 사람 욕심은 한도 끝도 없기에 그 욕심의 포로가 되면 결국 인생을 망치게 되니 적당한 선에서 그칠 줄 알아야 그것이 진짜 지혜라는 것이다. 마지막 10이 정말 멋있다. "십 분의 일은 세상에 돌려주자"는 십분의 일을 세상에 내놓아 유익하게 써 보는 것이야말로 보람 있게 사는 일이라는 말이다.

오기 부리지 말고 칠십 프로에 만족하며 십 분의 일은 세상에 돌려준다는 것, 쉬운 일 같지만 막상 실행으로 옮기기란 의외로 쉽지 않은 일이다. 심사숙고와 노력이 뒤따라야 한다. 종종 자신이 원하는 목표를 세우고 실행하는 과정에서 오기 부리고 너무 욕심을 부려서, 낭패를 보거나 하지 않은 것만 못한 경우가 있다. 특히 체력이나 소요비용을 충분히 고려하지 않고 목표를 추진하다가 낭패를 보는 이들이 적지 않다.

40대 후반의 한 중년이 5년 전부터 너무 마라톤을 좋아한 나머지 마라톤 대회만 있으면 참가했다. 주로 하프코스나 단거리를 자주 뛰었는데 2년 전부터 마라톤 완주로 목표를 바꾸었다. 매일 새벽마다 두 시간씩 달리기 연습을 해오던 그는 지난해 초가을에 경기 참석을 이틀 앞두고 새벽에 뛰다가 심장마비 증세로 결국엔 세상을 등졌다. 적당시간만 뛰면서 체력관리를 했다면 이런 일은 없었을 것이다. 더욱이 새벽에 차량통행이 적은 한적한 도로를 달리다 쓰러졌으니 누가 도와주지도 못했다. 정말로 안타깝고 속상한 일이다.

또 어떤 이는 정년퇴직하고 마땅한 소일거리가 없으니까 이런 저런 생각 끝에 주식투자에 손을 댔다. 처음에는 500만 원으로 시작하여 돈을 벌면 승용차를 새것으로 바꿔 전국 일주를 하겠다는 생각을 했다. 계획은 참 좋았다. 문제는 500만 원이 천만 원이 되고, 천만 원이 5천만 원 이상까지 늘어났다. 처음 투자할 때는 여윳돈으로 했지만 금액이 커지다보니 대출까지 받은 것이다. 10개월 동안 원금 절반도 못 건지고 실패했다.

목표치가 크고 작고가 중요하지 않다. 얼마나 현실적으로 가능하고 또 노력할만한 타당성이 있는가를 잘 따져야 한다. 과욕을 부리지 말아야 한다는 것이다. 무리하게 너무 여러 가지 목표를 동시에 세우는 것 또한 자제해야 할 일이다.

■ 목표설정과 추진할 때 알아야 할 테크닉

하나, 첫째 운동이나 다이어트를 목표로 삼았다면 자신의 체력과 건강 상태를 먼저 생각한 후 냉정하게 판단을 내려야 한다.

지인이나 친구들이 한다고 해서, 아니면 자신감을 충족시키기 위해서 자신의 체력이 따라가지 못하는 과도한 운동을 하게 되면 이는 100% 문제가 발생한다. 절대 금물이다.

둘, 목표를 정할 때 시간이 매우 중요하다.

뭔가를 배우거나 만들고자 할 때 시간을 염두에 두지 않을 수가 없다. 20~30대 젊은 층이 아니라면 너무 시간이 오래 걸리는 것은 피하는 게 좋다. 예를 들면 가볍게 배우는 것은 몇 개월 과정이 아주 좋다. 그러나 6개월이 넘어 일년 안에도 다 못 배우는 것은 자칫하면 지루해서 도중하차하기 딱 좋다. 차라리 단기간에 쉽게 배울 수 있고, 즐겁게 배울 수 있는 것을 찾는 게 아주 좋다.

셋, 돈은 정말 민감한 부분이다.

엉뚱한 일에 큰 돈을 낭비하게 되면 문제가 커진다. 심한 경우 가족들과의 사이도 멀어지는 일을 초래한다. 때문에 새로운 곳에 투자를 하거나 비싼 물건이나 장비를 구입할 때는, 반드시 사전조사 후 전문가와 상담을 하거나, 가족들과 의논을 한 후 결정하는 게 좋다. 한순간에 큰돈을 벌겠다는 욕심을 부려서는 안 된다.

시간은 만인에게 평등하다

부자든 가난한자든 유명인이든 무명인이든 똑같이 주어지는 게 있다. 하루 24시간이라는 시간이다. 이 시간은 가장 평등하게 누구에게나 주어진다. 중요한 것은 어떻게 잘 활용하느냐에 따라서 성공과 부가 다가온다.

토큰 3개로 출발하여 연봉 12억의 화장품 세일즈 여왕으로 성공한 데 이어 지금은 화장품회사의 대표이사가 된 여성이 있다. 파코메리 박형미 대표다. 그도 처음에는 15일간 화장품을 하나도 팔지 못한 평범한 주부였다. 하지만 열정과 성실을 무기로 프로가 되었다. 그는 자신의 성공을 이끈 것은 다름 아닌 '시간'이었다고 말한다. 박 대표는 시간을 아끼기 위해 자신이 일하는 사무실과 집의 거리를 5~6분 거리 내로 유지하기도 했다. 다른 사람에 비해 적어도 하루 2~3시간은 벌었으며, 그 시간에 고객과 전화 한 통이라도 더 할 수 있었고, 다른 판매원들에 비해 더 많은 고객을 만날 수 있었던 것이다.

성공한 기업인들을 보면 대부분 시간활용을 잘한다는 공통점을 갖는다. 1983년 우리나라 대학생 벤처 1호로 출발해서 지금은 IT업계에서 성공한 인물로 불리는 비트컴퓨터 조현정 회장은 시간 관리의 달인이라는 별명을 가지고 있다. 학벌, 배경, 유산도 없이 성공하기 위해서는 누구에게나 똑같이 주어진 시간을 가장 효과적으로 활용해야 한다는 것을 일찍이 깨달았던 것이다. 때문에 조 회장은 분 단위로 시간을 나누고 하루에 해야 할 일들을 일목요연하게 준비해서 1분 1초의 낭비 없이 활용했다고 한다.

외국의 경우는 어떨까?

유럽의 CEO들은 하루 평균 6시간을 잔다고 한다. 미국이나 우리나라 CEO들은 그보다도 더 적게 수면을 취한다. 사실 경영인들의 면면을 살펴보면 적은 양의 수면은 선택사항이 아니라 경영자로서의 필수조건이라는 느낌이 들 정도다. 미국의 유명한 CEO들 치고 하루 6시간 이상 수면을 취하는 사람은 많지 않다.

세계적으로 알려진 미국의 어느 사장은 일요일을 제외하고는 항상 새벽 2시에 자서 새벽 5시에 일어난다. '드라큘라'처럼 기껏해야 하루 3시간 자는 게 고작이다. 또 어떤 사장은 휴일이든 평일이든 정확하게 하루 5시간만 잔다고 한다. 그만큼 하루 24시간 주어진 시간을 100% 잘 활용하고 있다는 얘기다.

성공한 이들의 경우 자기 시간 관리에 철저하며 헛되이 낭비하는 시간이 없다. 보통 사람들에 비해 수면시간이 짧고 새벽부터 밤까지 역동적으로 움직이는 편이다. 이를테면 그들은 경제나 명예 등에서 성공하기 이전에 먼저 시간 관리에 성공한 것이다. 그래서일까? 우리 사회에서 직장인이나 CEO들을 대상으로 한 성공학 강연에는 열정, 리더십, 커뮤니케이션과 함께 늘 '시간 관리'가 빼놓지 않고 포함되는 내용 중 하나다. 시간의 중요성은 누구나

다 알지만 문제는 누구에게나 똑같이 주어지는 시간을 관리하는 것은 각자의 몫이다.

'시간은 돈이다'라는 말은 명언이자 중요한 격언으로 전해지고 있다. 아주 어렸을 때부터 귀 따갑도록 들어온 말이지만 실생활에서 이를 철저히 이행하지 못하는 이들이 부지기수다. 시간을 잘 활용하는 일, 그것은 다시 말해 남들보다 더 많은 시간을 창출해내는 일이며 그 시간을 통해 경제적, 육체적 효과를 무궁무진하게 창출해낼 수가 있는 것이다.

40대에 접어들면서 시간에 가속도가 붙었다는 느낌이 든다고 한다. 뒤늦게라도 시간의 중요성을 깨닫는다면 그나마 다행이긴 하지만 성공을 꿈꾸거나 주어진 삶을 보다 멋지게 연출하고 싶다면 남보다 한발 앞서서 20~30대 시절부터 시간을 디자인하는 것이 좋을 것이다.

■ 시간 관리 테크닉

매일 아침 아니면 전날 저녁 다음날 일정을 체크하라

시간 관리에 서툰 사람들은 하루 일정을 체크하는 일부터 시작해야 한다. 메모 습관이 없거나 일이 너무 많아서 정신이 없는 사람들은 자기가 할 일을 놓치는 경우가 흔하다. 따라서 어떤 일을 해야 하나 체크하고 또 도중에는, 미리 예정했던 일들을 얼마나 마무리했는지 체크하는 것이다.

일의 우선순위를 정하라

시간 관리란 일의 우선순위를 정하는 것이다. 중요한 일과 그렇지 않은 일을 가려낸 후 투자시간을 차별화해야 한다. 이게 바로 효과적인 시간 디자인이다.

자투리 시간을 아껴라

현대인들 누구에게나 주어진 시간은 한정되어 늘 턱없이 부족하다는 생각을 갖게 된다. 그런데 시간활용 달인들은 '시간이 부족하거나 남는 것은 철저한 시간 관리 능력이 부족하기 때문이라고 말한다. 아침에 이불 속에서 꾸물거리고, 업체 사람을 기다리고, 회사 오가는 시간, 점심시간 등 하루에도 몇 번씩 틈새 시간이 생기기 마련이다. 이 틈새 시간과 자투리 시간을 활용하면 일과에서 새로운 시간을 창조해낼 수 있다.

일 외의 시간, 주로 저녁시간을 잘 활용하라

일례로 사람 만나고 술 한 잔 하거나 저녁 같이 먹는 것도 중요하지만, 과음하면 그 이튿날 활동력이 떨어지고 수면시간이 길어지므로 결국 시간 관리에 실패하는 것이다. 이런 것을 스스로 잘 관리해야 한다.

□ 시간을 버는 노하우

1. 식사 시간을 효과적으로 활용해라.

2. 아침시간에서 시간을 벌어라.

3. 전화로 수다 떠는 시간을 없애라.

4. 퇴근 후 시간을 무모하게 낭비하지 마라.

5. 휴일 TV시청과 수면에 시간을 쏟지 마라.

6. 웹(인터넷)서핑은 시간을 정해놓고 즐겨라.

7. 카톡은 간단하게 해라.

8. 정리하는 습관을 들여라.

9. 계획표대로 움직여라.

10. 업무관련 정보(컴퓨터)관리를 체계적으로 해라.

성공하려면 150명의 인맥을 만들어라

아리스토텔레스가 '인간은 사회적 동물이다'라고 말했다. 사람은 혼자서 살 수 없다는 것을 가장 단적으로 말해주는 명언이다. 인간은 어떤 사람과의 관계이든, 어떤 단체와의 관계이든 항상 어딘가 또는 누군가와의 관계 속에서 살아간다. 가족, 친구, 선후배, 직장 동료, 이웃 등 정말 소중한 사람들과의 관계 속에서 자신의 존재감을 확인하고 세상에 나 혼자가 아님을 인식하게 된다. '인맥'은 정치인이나 사업가들에게만 필요한 것쯤으로 여기는 이도 있고, 또 인맥은 혈연, 지연, 학연을 중시하는 한국 사람들이 유난히 중시하는 줄로만 여긴다. 결코 그렇지 않다.

지금은 세상을 떠나고 없지만, 앤디 워홀은 미국의 유명한 아티스트 하면 빼놓을 수 없는 인물이다. 워홀은 1928년 8월 6일 미국 펜실베이니아 피츠버그에서 이민자의 아들로 태어나 피츠버그 카네기 공과대학에서 산업디자인을 전공하고, 졸업한 후 뉴욕에 정착하여 잡지 삽화와 광고 제작 등 상업미술가로 큰 성공을 거둔다. 워홀은 1960년에 들어서는 '슬립', '엠파이어', '블러드 포 드라큘라' 등과 같은 많은 영화를 제작하기도 했다. 본래 그는 가난한 이민자 가정에서 태어났다. 그래서 스물한 살 때 뉴욕으로 이주한 후에 각계각층의 다양한 인맥을 구축하여 예술가로서의 명성과 부를 얻은 대표적인 인물이다.

앤디워홀이 인맥을 구축한 방법을 보면 아주 인상적이다. 그는 광고용 삽화를 그리거나 구두를 디자인할 때 고객의 요구를 적극 수용하고 토를 달지 않으며, 약속시간을 엄수하여 신뢰를 쌓고 그로 인해 인맥을 구축했다. 또 유명인사가 참석하는 파티나 문화행사를 찾아다니며 가까워지고 싶은 사람이 있으면 먼저 다가가 함께 사진을 찍었다.

능력을 최우선시한다는 미국이지만 그런 사회에서도 앤디 워홀처럼 인맥구축에 열성을 기울이는 이들이 수없이 많다. 사회활동에서는 '무엇을 아는가(Know How)보다 누구를 아는가(Know Who)'가 중요하기 때문이다.

같은 동양권이지만 중국 사람들도 인맥을 아주 중요하게 여긴다. '꽌시(關係)', 즉 관계가 형성되지 않으면 아예 비즈니스가 이루어지지 않는다. 지속적인 관계를 통해 상대를 신뢰한 후에야 거래를 트는 것이다. 일본인도 마찬가지다. 일본인들은 누구에게나 친절하되 늘 거리를 유지하는 편이다. 그렇기 때문에 친해지는 데 시간이 걸리지만 한 번 신뢰하면 죽을 때까지 신용을 유지한다.

일본 종합 운송 물류 기업인 국제익스프레스(Kokusai Express)라는 회사의 최고경영자는 한국인 나승도 대표다. 현재 국제익스프레스는 삼성·LG·소니·히타치 등 대기업뿐만 아니라, 일본의 국보급 보물을 관장하는 궁내청까지 포함해 5,000개 사의 거래처를 확보하고 있다. 1990년에 설립한 이 회사는 100여 년의 역사를 가진 일본 물류 기업과 경쟁하여 성공한 이유가 있다. 나승도 대표는 배타성이 강한 일본 시장에서 외국계 기업으로 성공하기 위해서는 인맥 형성이 중요했다고 한다. 시간이 나는 대로 반복해서 관계자를 만나고, 항상 겸손한 태도를 보인 결과 속내를 잘 안 비치는 일본인에게도 인정받을 수 있었다고 한다.

사람 사는 세상은 똑같다. 동서양을 막론하고 성공한 사람들 주변에는 실제로 탄탄한 인맥이 형성되어 있는 것을 많이 볼 수 있다. 그렇다면 사업을 하든 직장생활을 하든 인맥이 넓으면 넓을수록 손해 보는 일보다는 도움이 되는 일이 많다.

실제 우리나라 사람들의 인맥중요도는 어느 정도일까? 몇 년 전 한 온라인 취업사이트에서 직장인 1,329명을 대상으로 실시한 리서치 결과를 보면 "최근 이어지는 경기침체로 인해 인맥관리의 필요성을 더 많이 느끼는가"라는 질문에 응답자의 91.1 %가 '예'라고 답했다. 또 인맥관리의 필요성을 느끼는 이유로는 '업무적으로 도움을 받을 수 있어서'(40.7%), '이직 정보를 얻을 수 있어서'(25.9%), '자기계발의 동기부여가 되기 때문에'(15.9%), '평판관리에 도움이 되어서'(7%) 순으로 조사됐다.

인맥이 넓으면 세상을 넓게 바라보면서 자신이 모르는 다방면의 지식과 지혜를 배우게 된다. 위기를 잘 이겨내는가 하면 자신의 입지를 높이는 데도 도움이 된다.

인류학자 로빈 던바는 적절한 친구 수로 150명을 제안했다. 150명은 다소 많은 것 같지만, 사회생활을 하는 데 필요성을 느끼고 친교를 쌓아야겠다는 의무감을 갖는 사람들까지 합치면 결코 많은 숫자가 아니다. 그리고 이 150명과 인간관계를 유지하려면 절친한 친구' 5명이 핵심에 있어야 하고, 친지까지 포함한 '친한 사람' 10여 명이 또 있어야만 이들 15명이 '중심 친구' 집단을 이루고, 그 밖에 130여 명이 연결되어 한 사람의 사회 세계를 구성한다는 논리다.

살다보면 좋은 일 기쁜 일도 많지만 요즘처럼 겉은 화려하고 풍요로워 보이면서도 실제 속사정은 그렇지 않은 시대에서는 남모르게 힘든 일, 어려운 일에 처한 이들이 많다. 내 집과 차가 있음에도 불구하고 경제적으로 힘들어 날마다 돈 걱정을 하는 사람들도 있고, 명문대를 졸업하고서도 취업을 못해 갑갑해하는 젊은 이들도 부지기수다. 그래도 그들이 좌절하거나 포기하지 않고 힘과 용기를 내어 새롭게 도전하고 희망을 갖는 것은 주변에서 많은 사람들이 자신을 믿고 이해하며 지켜보고 있기 때문이다. 단, 인맥은 저절로 유지되지 않는다. 좋은 사람을 만나는 것 못지않게 만난 후 그들을 잘 관리하는 것이 더욱 중요하다.

■ 인맥 만들기 테크닉

첫째, 그룹별로 분류해라

의도적이든 자연발생적이든 인맥에 따른 대상인원이 많을 경우에는 무엇보다도 그룹별로 나누어 관리하는 지혜가 필요하다. 가족, 친척, 학창시절 동창생과 선후배, 직업이 같은 사람들, 일과는 무관하게 존경하고 아끼며 따르는 사람들, 취미생활이 같은 사람 분류하여 관리를 하는 것이다.

둘째, 먼저 다가서라

자존심 강하면서 보수적인 사고가 강한 사람들은 먼저 와서 인사하며 말을 걸기 전에는 자신의 자존심과 체면상 먼저 다가설 필요가 없다는 입장을 취한다. 하지만 먼저 다가서지 않는 한 자신의 주변에 사람이 꼬일 일은 없다. 인맥이 넓은 사람들 흔히 '마당발'로 불리는 사람들을 보면 매사에 적극적이고 부지런하다. 각계각층의 다양한 사람들과 인간관계를 유지하려면 남보다 더 바쁘게 움직여야 한다.

셋째, 베풀어라

우리는 살면서 많이 베풀어야 한다. 내가 지닌 것을 남에게 나눠주고 베풀면 그게 결코 헛장사가 아니다. 베푼 만큼 다시 돌아오는 게 인간사다. 인맥을 잘 관리하는 사람들 중에는 상대가 부담을 갖지 않아도 되는 선물을 자주 주고받는다. 꽃 한 다발, 나는 사용하지 않으나 상대에게 필요한 물건, 정성이 담긴 먹거리 등. 큰돈을 들이지 않고 언제든지 주고받을 수 있는 마음의 선물이 좋다.

내 인생의 멘토를 찾아라

마이크로소프트(MS) 창업자 빌 게이츠는 세계적으로 단순히 부자나 성공한 기업인이라는 수식어 말고도 사회를 위해 나누는 삶을 실천하는 대단한 인물로 통한다. 그는 자신의 최고 멘토로 아버지 '빌 게이츠 서'를 꼽는다. 빌게이츠의 아버지는 가족문화를 만드는 데 신경을 썼다. 일요일 가족 만찬을 중요시하고 성탄절에 같은 잠옷을 입었다. 함께 여행을 다니고 저녁식사를 하며 서로의 생각을 나누는 시간이 많았다. 빌게이츠는 이런 가족문화가 정말 큰 차이를 만들어 낸 것 같다고 말했다.

빌게이츠의 부모님들은 그가 어렸을 때 밖에 나가서 수영, 축구, 풋볼 이런 운동을 하도록 했다. 당시 그는 부모들이 왜 그렇게 유도했는지에 대해 몰랐다. 하지만 성장해서 깨닫게 된 사실은 부모님들은 빌게이츠가 편한 일만 고집하는 대신, 잘하지 못하는 일도 많다는 걸 깨닫게 하고, 또 리더십을 키우게 하려는 것이었다고 한다. 또 빌게이츠의 아버지는 아들이 고등학교 마지막 학년 때 학교를 그만두고 일을 하겠다는 결정에 흔쾌히 찬성해주었고 명문 하버드대를 그만둘 때도 마찬가지였다. 아들의 뜻을 적극 지지해 준 것이다. 빌게이츠는 이런 아버지, 훌륭한 멘토가 늘 곁에 있었던 것이다. 아버지가 건넨 최고의 조언으로 그는 "운동을 못하는 나에게 밖에 나가 놀라고 한 것"이라고 밝힌 적이 있다.

누구나 살아가는 동안 고민이나 갈등을 많이 하게 된다. 이 세상 누구도 완벽한 사람이 없는데다 아무리 머리가 좋고 훌륭해도 자신이 살아보지 않은 삶, 또 경험을 해보지 못한 일에 대해서는 잘 모르기 때문이다. 이럴 때마다 가까운 곳에 자신의 멘토가 있다면 그것은 행운이자 복 받은 일이다.

인생을 살면서 가장 소중한 사람이 바로 멘토다. 멘토는 누구든 상관이 없다. 어떤 유명한 기업인은 자신의 아내가 일생동안 자신의 멘토가 되었다고 한다. 늘 가까이 있는 사람이기에 많은 대화도 나누고 또 그만큼 아내가 현명하여 둘 사이가 좋았기 때문에 가능했을 것이다.

나는 프랑스 유명건축회사에서 활동하고 있는 젊고 유능한 건축가를 잘 알고 있다. 그도 멘토를 잘 만났기에 지금 세계적인 건축가가 되기 위한 길을 걷게 된 케이스다. 대학교 2학년 때 자신이 다니던 학과에 대한 갈등이 심했다고 한다. 주변 친구들 중에 다시 의대 시험을 치는 이도 있었고, 선배들을 보니 연봉도 많지 않은데 고생을 많이 하는 것을 보니 더욱 마음이 흔들린 것이다. 이 시기에 그는 겸임교수를 만나서 멘토로 삼게 된다. 건축설계사무소 사장이었던 멘토는 그에게 말했단다.

"네가 정말 좋아하는 일이면 최선을 다해보아라. 어느 분야이든 자신이 좋아해야 결과가 좋고 만족을 느끼면서 오랫동안 일할 수 있다. 나를 봐라. 나도 이렇게 학교에 나와 강의도 하고 사업도 하면서 잘살고 있지 않니?"

이때부터 그는 수시로 멘토를 찾아가 의논도 하며 학창시절에는 아르바이트도 멘토의 회사에 가서 하고 대학졸업 후에도 1년 정도 그 회사에 취업하여 기초를 닦았다.

우리는 흔히 조언자의 역할을 하는 사람을 멘토(Mentor), 조언을 받는 사람을 멘티(Mentee)라고 한다. 멘토가 필요한 이유는 굳이 말하지 않아도 많은 이들이 잘 알고 있다. 인생의 가장 소중한 길잡이이자 나침반이기 때문이다. 멘토가 해주는 멘토링(Mentoring)은 경험과 지식이 풍부한 사람이 상대인 멘티를 1대 1로 전담해 지도하고 조언해주는 일이다. 이로 인해 멘티의 실력과 잠재력을 개발시켜줌으로써 한 사람의 삶을 더 나은 삶, 성공하는 인생으로 이끌어주게 된다.

멘토를 어디에서 어떻게 찾느냐를 고민할 필요는 없다. 또 멘토가 나타날 때까지 기다리지 말아야 한다. 감나무 밑에서 홍시가 떨어질 때까지 기다리고 있으면 까치가 먼저 갖고 달아날 것이다.

멘토는 가능한 가까운 주변에서 찾는 게 좋다. 아무래도 자주 얼굴을 볼 수 있어야 대화를 나눌 시간도 많아진다. 가족 중 한 사람 또는 스승 선배를 멘토로 삼는 이유가 이 때문이다. 가족이 아닌 경우에는 멘토와의 인간관계 유지가 매우 중요하다. 이를테면 고민이 있거나 도움을 받을 때만 연락하고 찾아가는 것은 관계 유지에 문제가 된다. 평소 자주 연락도 하고 가볍게 식사도 하면서 어떤 중요한 일을 결정하거나 고민이 있을 때 멘토에게 조언을 얻는 것이 좋다.

요즘은 기업 내에서도 멘토제도를 운영하는 곳이 많다.

신입사원이 입사하면 사내 분위기나 업무 적응에 시간도 걸리고 나름내로 힘든 점이 많다. 따라서 기업에서는 신입사원이 들어오면 멘토를 한 사람씩 지정해준다. 이럴 경우 신입사원이 잘 적응하여 회사 내 생산성도 높아지고 분위기도 좋아지며 하나의 기업문화가 된다.

나의 경우 10년 정도 나이가 많은 대학선배와 가족 중 작은 누님이 멘토가 되어주고 있다. 선배의 경우 한 달에 두 번 정도 꼭 만나서 이런 저런 대화를 많이 나누는데 아주 편하면서도 배울 점도 많고 좋은 얘기도 많이 해준다. 그런데 누님은 조금 다르다. 멘토는 멘토지만 가족이기에 가끔씩 잘못한다고 혼을 내기도 한다. 오십이 가까운 나이에도 멘토의 힘은 여전히 크다는 것을 느낀다. 사람이 나이가 들었다고 모든 것에 완벽해지는 것은 아니다. 어쩌면 우리는 죽는 날까지 소중한 멘토 한두 사람은 반드시 있어야 하지 않을까 싶다.

■ 멘토(Mentor)

그리스 신화에서 유래한 용어로 '가르침을 주는 훌륭한 선생'을 의미한다.

오디세우스가 트로이로 출정하며 아들 텔레마코스를 절친한 친구인 멘토르에게 맡겼다. 그는 오디세우스가 돌아올 때까지 아들의 친구, 선생, 조언자, 아버지 역할을 하며 잘 돌봐주었다. 그 후로 멘토는 지혜와 신뢰로 인생을 이끌어 주는 지도자라는 의미를 뜻하게 되었다.

나 자신을 팔아라

밤무대에서 30여 년간 색소폰 연주를 하던 A씨는 56세의 나이에 경기도 파주에 있는 S중소기업 평직원으로 입사했다. 회사는 자동차용 대형 유압세척장비를 제작하는 기업으로 영업직이나 기계설계 가공 분야의 전문 인력들이 대부분이다. 전문분야의 노하우가 쌓인 경력자가 필요한 회사다. 간혹 20대나 30대 초반의 경우 전문직이 아닐지라도 입사가 허락된다. 이들의 경우 젊은 만큼 몇 년간 배우면 전문 인력으로 거듭 태어날 가능성이 있기 때문이다. 하지만 아무리 중소기업의 인력난이 심하다 할지라도 50대 남성을 그것도 전혀 다른 분야에 종사하던 인력을 생산 분야에 투입시키기란 쉽지 않은 일이다. 사장은 A씨를 채용했다. 2011년 2월 입사한 그는 3개월 만에 주임 직책을 달고 생산현장에서 나이 어린 선배님(?)들의 지도를 받으며 일하는 중이다.

사장은 대체 무슨 마음으로 A씨를 채용했을까? 얘기를 들어보면 이렇다.

"어느 날 취업하고 싶다는 A주임의 전화를 받고 깜짝 놀랐어요. 12년 동안 기업을 운영해오면서 처음 있는 일이었습니다. 당황스러웠지만 원한다면 면접을 보러 오라고 했고, 만나 보니 나보다도 나이 많은 장년인 게 사실이었죠. 게다가 직장생활은 해본 적이 없는 밤무대 예술인이었습니다. 당장 현장에서 일을 시키고 월급을 줄 수 있는 인력은 아니었어요. 그런데도 채용을 한 것은 열정과 의지가 보였기 때문입니다. 보통사람 같았으면 그는 수위나 운전직을 희망했을 것입니다. 그는 달랐어요. 아직 자신은 건강하고 무엇이든 기회만 주면 열정적으로 일할 각오가 되어 있다고 말했습니다. 한눈에 부지런한 사람, 열정이 넘치는 사람이라는 것을 알았어요. 정년퇴직까지 그가 일할 수 있는 시간은 5년입니다. 회사로서는 당장은 부담스러운 일이지만 퇴직 후에도 연장계약을 통해 일할 수 있을 정도의 능력 있는 핵심인력이 되길 바라는 마음으로 채용했어요. 그에게는 자신을 팔겠다는 의지가 젊은이들보다도 몇 배나 강했으니까요."

'자신을 판다'는 말은 아주 중요한 말이다. 취업을 하려는 대부분의 사람들은 면접에서 자신을 보여주려고 할 뿐이지 자신을 팔려는 열정까지는 보여주지 못한다.

대기업 출신의 한 인사전문가는 "기업이 원하는 사람은 '나는 이런 능력을 갖고 있는 사람이니 채용해주세요'가 아니라, '나는 이러이러한 능력을 갖고 있는 사람이기에 입사 후에 이러이러한 일을 통해 회사의 발전과 수익증대에 기여할 수 있다'고 말할 수 있는 사람"이라는 말을 했다.

2007년 어느 대기업의 최종면접에서 고등학교 동창 사이인 김 군과 박 군이 운명처럼 같은 시간대에 면접을 치렀다. 결과는 수도권 대학의 4학년생인 김 군은 합격했고, 명문대 재학 중인 박 군은 불합격했다. 면접관이 체크한 두 사람의 차이는 단 한 가지였다. 김 군은 자신을 팔고자 하는 사람이었고 박 군은 '나를 사주세요'라고 말하는 사람이었다.

기업이 신입사원을 채용할 때 당장 1~2년 내에 그 직원의 능력이 회사의 발전에 큰 기여를 할 것이라는 기대는 하지 않는다. 다만 될성부른 나무를 떡잎부터 알아보게 되고 잘 키워서 훗날 열매를 얻고자 한다. 그 '될성부른 나무'는 다름 아닌 적극적으로 자신의 능력을 팔고자 하는 사람인 것이다.

나이가 적든 많든 취업의 문을 두드리고자 한다면, 명심해야 할 것이 있다. 먼저 '나는 나의 능력을 어떤 회사의 어떤 분야에 쏟아 부어 어떤 결과를 일으킬 것인가'에 대해 고민하고, 잘할 수 있다는 각오와 보다 구체적인 전략이 세워진다면 도전장을 내는 것이 취업을 위한 지름길이다.

"내 나이 30대 후반인데 어떤 회사에서 나를 받아줄까?"를 고민하지 말고 "내 나이 50이지만 내가 가진 이런 능력은 D라는 회사에서 잘 발휘할 수 있다."고 결심하고 적극적으로 도전하라. 그것이야말로 인생을 즐겁게 사는 나만의 길 '브라보 마이 라이프'가 되는 것이다.

말 잘하는 사람이 성공한다

16세기에 '사악한 미녀'로 불리는 여인이 있었다. 영국의 절대 군주 헨리 8세의 두 번째 부인이자 엘리자베스 1세의 어머니인 앤 볼린(Anne Boleyn, 1504?~1536)이다. 헨리 8세가 그녀와 결혼하기 위해 종교개혁의 명분을 앞세워 로마 가톨릭교회와 결별하는 사건이 발생했을 정도로 앤 볼린이라는 이 여인은 흑발에 까만 눈이 매력적이었으며 화술이 아주 뛰어났다. 본래 그녀는 헨리 8세의 왕비인 캐서린의 시녀였다. 왕이 그녀를 끊임없이 유혹했지만 아주 뛰어난 화술로 거절했다. 하지만 왕의 끈질긴 구애에 결국 그녀는 마음을 결정한 후 정식 결혼을 요구했다. 그녀는 사랑이라는 이름 속에 왕을 꼼짝 못 하게 가둬버리고 정작 자신이 모셨던 왕비이자 신실했던 캐서린을 쫓아낸 악녀가 된 것이다.

세상엔 공짜는 없다고 하지 않았던가? 그녀는 불운하게도 결혼 3년여 만에 왕으로부터 버림을 받는다. 왕은 아들을 낳아주지 못하면서 권력욕만 대단한 앤 볼린이 부담스러웠던 것이다. 그녀는 간통과 근친상간, 반역 혐의로 1536년 런던탑에서 참수되었다. 세상 사람들을 다시 한 번 놀라게 한 것은 다름 아닌 참수형을 앞두고 그녀가 남긴 말이다.

"내 목이 가늘어서 다행이다."

죽음 앞에서 태연하게 이런 말을 한다는 것은 보면 참으로 독한 여자이면서도 자신의 자존심을 죽이지 않으려는 그녀만의 독특한 카리스마인 것이다.

화술에 뛰어나면 성공한다고들 한다. 사실 화술은 사람을 끌어잡아당기는 묘한 매력을 지니고 있다. 말 한마디에 사람들을 울리고 웃게 하고 상대를 설득하거나 이해시키기도 한다.

화술 하면 또 빼놓을 수 없는 사람이 오바마 대통령이다. 전문가들은 오바마의 경우 좋은 스피치의 네 가지 조건인 내용, 전달력, 청중에 대한 고려, 설득력을 고루 갖춘 달변가라고 한다. 오바마 대통령 화술의 강점은 자신이 실제로 보고 겪은 다양한 주변 사람들의 이야기를 예로 들면서, 긴 시간 동안 지루하지 않고 즐겁게 들을 수 있도록 작은 드라마와 같은 이야기로 구성하는 스토리텔링 방식이다. 혼혈인 자신의 이야기나 주변 사람이 겪은 일, 화제가 된 인물에 관한 흥미 있는 이야기를 통해서 듣고 있는 상대방을 자신이 말하고 싶은 본론으로 끌어들이는 것이다.

화술은 요즘 성공하는 사람들의 필수과목이 되고 있다. 성공한 사람들의 강연이나 인터뷰 내용을 들어보면 정말 하나같이 말을 잘한다. 단, 성공한 사람들 공통점 중 하나인 화술은 그냥 만들어지진 않는다. 성공한 이들의 경우 많은 사람들 앞에서 강연을 할 기회도 많으며 다양한 계층의 사람들과 만나 대화를 나누는 기회도 많다. 다시 말하면 성공한 사람들이 처음부터 화술에 능통한 사람이라기보다는 다양한 경험과 노력을 통해 화술 또한 뛰어난 사람이 되었다고 볼 수 있다. 그들은 선천적으로 타고난 재주는 아니지만 후천적인 노력을 통해 화술이 뛰어나다. 이들의 폭넓은 인맥이 재산이 되어 자신의 일에서 능력을 더욱 크게 발휘하였고, 결국에는 성공으로 이어졌다.

■ 대화할 때 반드시 지켜야 할 에티켓

- 일방적으로 자신의 얘기만 하지 말 것
- 상대의 단점을 건드리는 말은 절대 하지 말 것
- 제3자의 흉을 보는 말은 금물
- 비관적인 말, 부정적인 말 자제
- 몸을 너무 많이 움직이거나 불안한 자세로 말하는 것은 피할 것
- 상대에게 손가락질하거나 몸을 툭툭 치면서 말하지 말 것

■ 쌍방향 커뮤니케이션을 위한 테크닉

칭찬해라

말 잘하는 비즈니스맨들은 절대로 상대의 기분을 망가뜨리는 일이 없다. 오히려 상대를 즐겁게 해주면서 자신의 비즈니스 핵심을 전달한다. 그들이 가장 먼저 사용하는 방법은 칭찬이다. 무게 3톤이 넘는 범고래도 칭찬해주면 쇼를 더 잘한다고 하지 않던가!

미소를 띤 얼굴로 말해라

'웃는 얼굴에 침 뱉을 수 없다'는 속담이 있다. 찡그린 얼굴, 화난 얼굴, 무표정한 얼굴보다는 미소 짓는 얼굴을 좋아하는 것은 모든 사람들이 똑같다. 요즘 기업에서는 '스마일경영'이란 말이 유행한다. CEO가 직원들을 볼 때 미소를 짓지 않으면 직원들의 생산성이 떨어지고 노사 간의 거리가 멀어지는 등 커뮤니케이션에 문제가 발생한다.

공감대를 형성할 수 있는 말을 해라

비즈니스든 인간관계든 대화의 원칙 중 하나는 가능한 상대가 공감할 수 있는 내용을 이야깃거리로 삼아야 한다. 상대가 40~50대 남성이라면 건강이나 경제 트렌드에 대한 내용을, 20~30대라면 취업이나 결혼에 대한 내용을 말하되 상대의 자존심을 건드리거나 입장을 불편하게 하는 말은 피해야 한다. 또 절대적으로 피해야 할 화젯거리로는 정치에 대한 내용이다. 또 지역적인 문제, 성별이나 학력과 관련된 내용도 대화거리로서는 그다지 좋지 않다.

목소리의 크기를 잘 조절해서 말해라

목소리 좋은 사람이 전화를 하면 대부분의 사람들은 자신도 모르게 상대의 말속으로 빨려 들어가는 느낌을 갖게 되고, 목소리가 좋지 않으면 빨리 전화를 끊고 싶다는 생각을 하게 된다. 미국의 심리학자 메러비안(Mehbrabian)은 듣는 사람은 말하는 사람이 어떤 인물인가 판정할 때 용모를 55%, 음성을 38%, 말의 내용은 겨우 7% 정도를 참고로 한다. 상대를 판단할 때 그 사람의 얼굴이 가장 큰 영향을 주고 그다음은 목소리라는 것이다.

경청해라

대화의 기술에는 자신이 하고 싶은 얘기를 일목요연하게 잘하는 것도 중요하지만, 그 못지않게 중요한 것이 상대의 말을 귀담아들어 주는 것이 중요하다. 하고 싶은 얘기나 고민거리를 가슴에 담고 있을 경우 그게 쌓이다 보면 화병을 불러온다. 때문에 누군가에게 털어놓고 나면 짐을 던 것처럼 머리가 개운하고 속이 시원하다는 것을 느끼게 된다. 다시 말하면 상대의 얘기를 충실하게 들어주면 그 자체만으로도 상대는 만족해한다는 것이다.

하루 한 번씩 자기성찰이 필요하다

　황희 정승은 고려 말·조선 초의 문신으로 고려가 망하자 두문동에 은거하다가, 이성계의 간청으로 다시 벼슬길에 올라 18년간 영의정에 재임하면서 세종의 가장 신임 받는 재상으로 명성이 높았다. 시문에도 뛰어났지만 황희 정승은 무엇보다도 인품이 원만하고 청렴하여 모든 백성들로부터 존경을 받았기에 '청렴결백(淸廉潔白)'의 대표적인 인물로 꼽는다.

　황희 정승은 지극히 가난하고 검소하게 살면서도 오직 나라와 백성을 걱정했던 인물이다. 오죽하면 옛 속담에 '황희 정승네 치마 하나 가지고 세 어이딸(어머니와 딸)이 입듯'이란 말이 있다. 황희 정승이 얼마나 청렴하게 살았는가를 단적으로 보여주는 것이다. 황희 정승이 청렴한 관리의 표상이었음을 말하는 이야기들은 여러 가지가 전해지고 있는데, 그 중에서도 광대 바우쇠의 이야기가 인상적이다.

　어느 날 세종대왕이 연회를 베풀었는데 영남 '우미골'의 광대 바우쇠가 줄타기 묘기를 벌이던 도중에 붉은 비단 끈을 양쪽 엉덩이에 번갈아 갖다 대며 말하기를 "이로 말할 것 같으면 황희 정승 댁 속곳 춤이라……" 하더란다. 묘기가 끝난 후 세종이 바우쇠에게 그게 무슨 뜻이냐고 묻자, 바우쇠가 대답하기를 "황정승 댁은 너무 가난해서 속곳 하나를 두고 하루는 마님께서 입고 나가시고, 다음날은 아가씨께서 입고 나가신답니다."라고 하였다. 이에 '황희 정승네 치마 하나 가지고 세 어이딸이 입듯'이라는 속담이 생겨났다고 한다. 황희 정승의 딸이 시집을 가려는데 혼수가 없어 이를 세종이 하사했다는 이야기와 황희 정승의 겨울 관복이 한 벌이라 관복도 하사했다는 말도 전해진다.

동서양을 막론하고 도덕적인 삶, 청렴결백한 삶을 산 사람들은 후대 사람들로부터 존경받는다. 자고로 만물의 영장인 인간으로 태어났으니 마땅히 그렇게 살아야 함에도 불구하고 탐욕을 완전하게 버리고 산다는 게 그리 쉬운 일이 아니기 때문이다. 전 세계 어디를 가든 부정부패와 탐욕은 많고 적음의 차이가 있을 뿐이지 존재하기 마련이다.

시대가 많이 변했다고는 하지만 요즘은 황희 정승 같은 인물을 찾기 힘들다는 게 참 안타까운 일이다. 물론 어두운 곳에서 소리 소문없이 어려운 이웃들을 위해 자신을 헌신하는 사람들, 정말 청렴결백하게 공직생활을 하는 이들도 있다. 다만 현대사회로 오면서 나름대로 인간의 물질적인 욕심이 더 커지면서 자기 것을 챙기려는 사람들이 더 많아지고, 그러다 보니 떳떳이 내세울만한 청렴결백한 청백리를 찾는 것이 쉽지 않다.

몇 년 전 직장인 681명을 대상으로 실시한 한 설문 조사를 보면 아주 재미있는 사실을 발견하게 된다. '이런 자격증이 있었으면 좋겠다!'에 대한 의견으로 33.5%(228명)가 '청렴한 정치인 자격증'을 꼽았다.

그 다음으로는 '베푸는 재벌 자격증'이 24.7%(168명)로 뒤를 이었고, '깨끗한 상공인 자격증'과 '올바른 영업인 자격증', '바른말 언론인 자격증' 순이었다.

'청렴한 정치인 자격증'과 같은 현실에서는 존재하지 않는 자격증 이름을 들어보니 한편으로는 웃음도 나오지만, 어찌 보면 참으로 안타까운 우리 현실을 그대로 드러낸 것 같아 마음이 씁쓸해지지 않을 수가 없다.

사람들은 권력과 금력이 생기면 자신을 과시하기 시작하고, 또 더 많은 권력과 부를 축적하기 위해 고위층 인사들과 연줄을 대기 시작한다. 물불을 가리지 않고 과욕을 부리기 시작하면서, 자신의 잘못된 행위를 망각하는 이런 사람들이 우리 사회에는 너무 많다.

부정부패를 척결하고 청렴결백한 삶을 사는 그런 사회가 만들어질 수 있는 좋은 방법은 없을까? 공직자든 기업인이든 일반 국민이든 너 나 가릴 것 없이 하루 한 번씩은 자신을 성찰하는 시간이 필요하다. 그래야만 우리도 정치지도자나 사회의 저명인사들이 청렴결백한 공직자로서 존경받는 사회, 성숙된 자본주의 사회가 되지 않을까 싶다. 설령 성공을 했다 하더라도 청렴결백한 삶을 통해 성공해야 진정한 성공이라고 여기는 풍토가 조성되어야 한다. 더 이상은 청문회장에 고개를 떨어뜨리고 변명을 늘어놓는 사람들이 나오지 않아야 하며, 비리로 구속되는 현직 정치인, 기업인, 공직자들이 없어야 한다.

■ 탐욕에서 벗어나기 위한 실천방법 3가지

욕심을 비워라
남의 것을 탐내지 마라. 돈, 재물, 사람 등.

봉사에 적극 참여해라
시선을 어려운 이들, 힘든 이들에게 돌리면 자기 욕심만 채우려는 나쁜 생각은 저절로 사라진다.

도덕을 실천하라
공중도덕을 잘 지키고 화목한 가정을 만들고자 노력하고 성실하게 일하라.

묵히지 말아야 할 것이 있다

오랫동안 묵혀야 좋은 것들이 있고 묵히지 말아야 할 것이 있다. 간장은 오래 묵을수록 좋다고 하고, 친구나 이웃들과의 정 또한 오래 묵을수록 좋다. 절대 묵히지 말아야 할 것이 있다면 그것은 다름 아닌 부모와 자식 간의 갈등이다.

흔히 부모와 자식의 연은 하늘이 내려준 천륜(天倫)인데 날마다 서로 챙겨주고 사랑해도 모자랄 판에 크고 작은 오해로 서로 얼굴을 안 보고 전화도 안 하며 속으로 갈등하는 것, 이것이야말로 한마디로 '못할 짓'이다. 그런데도 불구하고 의외로 적지 않은 사람들이 부모 자식 간의 갈등을 풀지 못한 체 의사소통의 단절, 연락두절을 하면서 살아간다. 자신도 모르는 사이에 마치 드라마에서나 볼 수 있었던 일과 흡사한 사건의 주인공이 되고 마는 셈이다. 참으로 안타까운 일이고 언젠가는 크게 후회할 일이다.

흔히 가정에서는 부모와 자식 간의 갈등으로 고부간의 갈등을 먼저 꼽는데 알고 보면 의외로 부자간의 갈등, 시아버지와 며느리 간의 갈등도 많다. 심지어는 가장 사이가 좋다는 사위 장모 간 갈등을 겪는 이들도 있다.

부모와 자식 간에 못 풀 문제가 뭐가 있겠는가. 갈등이 길어지면 시간 낭비다. 세월이 흘러가는 사이에 나이만 먹는다. 오래가면 부모도 자식도 둘 다 모두 후회한다. 갈등은 빨리 풀고 화목한 가정을 만드는 게 중요하다.

문제는 의외로 자식들이 성인이고 결혼까지 한 경우엔 갈등을 풀기가 쉽지 않다. 자녀들이 청소년이거나 미혼일 때는 갈등이 생겨도 자신을 굽히고 부모의 뜻에 따르거나, 또는 부모들이 잘 타일러서 화해한다. 하지만 결혼한 자녀들은 한번 갈등이 형성되면 그 영향이 배우자에게까지 미치기 때문에 오래가는 경우도 많다.

갈등을 자주 갖거나 오랫동안 풀지 못하고 가슴에 담아두면 건강에 좋지 않은 영향을 준다. 갈등이 심해지면 스트레스가 쌓이고 우울증이 생긴다. 특히 중장년층 이상은 우울증이 심해지면 치매도 빨리 오고 건강이 약해져서 다른 질병에 대한 면역도 약해진다.

부모가 성인이 된 자녀들과 겪는 갈등의 원인 중 하나는 결혼 시 반대의사를 표시하면서부터 생긴다.

특히 우리나라에서 많이 발생하는 부모 자식 간 갈등 중 대표적인 또 한 가지는 재산문제로 인한 갈등이다. 주로 아버지와 아들 간의 갈등으로 시작되어서 깊어지면 며느리도 시부모들과 멀어지고 갈등을 겪게 된다. 자식이 두세 명일 경우 '누구에게는 사업자금을 밀어주고 또 누구는 대주지 않는다.'는 식의 이런 갈등에서 시작되는 예도 많다.

사소한 언행의 서운함으로 인해서 발생하는 갈등도 많다. 자식들이 부모의 기대에 못 미치는 경우, 특히 며느리가 조금 서운하게 했다거나 시누이가 올케를 미워하면 고부갈등의 원인이 된다.

자식이 하나뿐인데 부모에게 소홀히 하는 경우에도 서로가 멀어지면서 갈등을 겪는다. 예를 들면 아들이 하나인데도 처가와만 가까이 지내고 친가에는 신경을 쓰지 않는 경우 부모님들은 배신감을 느끼기 마련이다.

　갈등은 어느 한쪽만 잘못해서 생기는 게 아니다. 아무리 부모와 자식 간일지라도 서로 다른 인격체이다 보니 생각도 다르고 사는 방식도 달라서 서로 융합하지 못하고 갈등을 갖게 된다.

　내리사랑이라고 했다. 며느리나 사위가 내 자식보다 조금 부족해 보이고 마음에 안 들더라도 일단 결혼하면 사랑해주어야 한다. 어찌되었든 내 식구다. 싫은 내색과 미운 감정을 감추고 그냥 감싸주고 사랑하면 그 며느리나 사위가 오히려 더 잘하게 된다. 자꾸 미워하다 보면 아들도 딸도 같이 잃게 된다. 재산문제에서는 가능한 한 자식들을 다 불러놓고 정확하게 말해야 문제가 덜해진다. 총 얼마인데 언제쯤 어떻게 나누어 주겠다고 하던가, 아니면 사회에 환원할 거니까 누구 한사람에게도 재산을 못 준다고 확고하게 하는 것이다. 재산문제를 확고히 하지 않으면 자식과의 사이도 안 좋지만 자식들 간에도 싸움이 난다. 결국 부모가 자식들 간 불화의 원인을 제공하는 셈이다.

　자녀들이 해야 할 역할도 중요하다. 무조건 부모에게 잘해야 한다. 먼저 효도를 하고 즐겁게 해라. 웃는 얼굴, 사랑스러운 얼굴 앞에서는 아무리 미운 사연이 있어도 다 풀어진다. 갈등 따위가 생길 리 만무하다. 형제들 간에도 서로 시기하거나 미워하지 말아야 한다. 형제간 사이가 좋지 않으면 둘 중 한쪽은 분명히 부모와도 멀어진다. 결국 집안이 우스운 꼴이 되고 만다.

죽일 것! 살릴 것! 그것을 찾아라

어느 경제 분석가가 요즘 예능계에서 정말 인기 절정인 MC 유재석을 분석했다. 예능계 1등 브랜드로 통하는 그의 최대 장점이 조화로움이고, 최대 단점은 자기 색깔이 약하다는 것이었다. 유재석씨 같은 경우 개인기를 많이 보여주는 쪽 보다는 예능프로그램에서 MC로 활동하면서 출연진 여러 사람이 서로 잘 조화를 이룰 수 있도록 리더 역할도 하고 중간자 역할을 많이 한다. 자기 단점인 자신만의 색깔은 없지만 MC이다 보니 '조화로움'이라는 자신만의 장점을 부각시키기 아주 좋은 것이다.

잘 아는 J라는 중소기업 대표가 있다. 그는 외우고 쓰는 것을 너무 싫어해서 학창시절부터 공부를 못하는 게 최대 단점이었다. 체격은 좋은데 스포츠 개인기도 없다. 딱 한 가지 잘하는 것은 털털하고 화통한 스타일이어서 어디를 가든 친구들 사이에서 의리 있는 사람으로 부각되었다. 공부도 잘 못하니까 대학도 못 들어가고 그래서 일찌감치 군복무를 마치고 자신의 가장 큰 장점인 화통한 성격과 의리를 무기로 건강보조식품업체 영업부에 뛰어들었다. 2년 만에 과장을 달고, 4년 만에 부장이 되고, 그러다가 서른 살에 자신이 직접 건강보조식품 업체를 창업했다. 초창기에는 직접 영업을 하면서 회사를 키웠다. 지금 그의 나이가 50이 안 되었지만 연간 매출 200억 원이 넘는 회사의 사장이 되었다.

얼굴만 봐도 즐겁고 뭔가 희망을 갖게 하는 사람이 있는가 하면 반대로 사람은 착한데 힘도 없이 보이고 즐거운 기분이 들지 않는 사람이 있다. 이 두 부류의 사람 차이는 장점이 부각되는 사람과 반대로 단점이 부각되는 사람이다. 사람은 누구나 다 장점과 단점을 갖고 있다. 그게 쉽게 보이지 않는 사람이 있는가 하면 한눈에 드러나는 사람이 있기 마련인데 특별히 장점을 살려야 한다는 데 특별히 힘을 주는 이유가 있다. 한 가지 장점만 잘 살려도 열 가지 단점이 묻히기 때문이다. 오랫동안 갖고 살아온 단점을 하루아침에 없애기는 힘들다. 때문에 장점을 살려서 단점으로 인해 생길 수 있는 자신의 문제점이나 불이익을 방지하는 것이 삶의 또 한 가지 지혜다. 유재석이나 J사장은 바로 자신의 장점을 잘 살려서 단점은 수그러들게 하고 좋은 능력은 한껏 키워 성공한 케이스인 셈이다.

'사람은 한 가지 재주는 다 갖고 태어난다.'는 말이 있다. 누구에게나 남보다 잘하는 장점 하나는 있다는 얘기다. 중요한 것은 뭐든지 한 가지라도 자신 있게 잘 하는 것을 숨기지 말고 꺼내 보이면 된다. 내가 나를 알리지 않으면 장점은 묻히기 마련이다.

요즘은 자기 피알(PR)시대다. 재주 없다고 말하는 게 겸손한 것으로 여겨지던 시대는 지났다. 차라리 자신의 장점을 한 가지라도 부각시키면 상대로부터 매력적인 사람이 된다. 면접을 보러 가면 가장 먼저 자신이 무엇을 잘하는지 밝히는 게 기본이다. 면접 시 자기소개를 잘해서 합격했다는 사람들이 한둘이 아니다.

사람만이 아니라 기업도 장단점을 잘 활용해야 성공한다. 예를 들면 장점은 살리고 단점은 죽이고, 위기는 줄이고 기회는 적극 활용하는 것이 성공한 기업들의 공통점이고 성공전략이다.

누가 J라는 사장을 보고 공부 못한 사람, 영어 회화실력 없는 사람, 운동실력 없는 사람 이런 식으로 홍보겠는가. 먼저 '영업능력이 뛰어나 성공한 CEO'라는 말을 먼저 하기 마련이다.

■ 장점을 잘 부각시키면 이런 것이 좋다

첫째, 장점이 정말 단점이 많아도 사람들에게 노출되지 않는다

워낙 장점이 강하다 보니까 단점은 아예 무시되고 넘어간다. 이를테면 우리가 새로운 사람들과 만나서 인사를 나눌 때 "만나서 반갑습니다. 잘하는 게 많지는 않지만 제가 노래 하나는 잘합니다. 그래서 즐겁게 사는 편입니다"라고 말하는 사람이 있다고 치자. 이런 경우 노래 잘한다고 한 사람에게는 은근히 그 사람에 대한 기대감이 생기고 자신감 있는 사람처럼 여겨진다.

둘째, 사람들이 저절로 붙는다

굳이 친하게 사귀려고 먼저 다가서지 않아도 장점이 잘 알려진 사람에게는 다른 사람들이 먼저 와서 손을 잡게 된다. 노래 잘하는 사람이 노래방이나 야유회에 가면 인기스타가 된다. 설령 술을 못 마셔도, 돈을 많이 안 써도 노래 잘하는 장점 때문에 누구나 좋아하게 되고 빨리 친하게 된다. 그래서 장점이 강한 사람들은 친구도 많고 인맥관리도 저절로 된다.

셋째, 힘이 넘쳐나서 사는 게 즐겁다

이를테면 "내가 누구야. 나 요리 하나는 끝내주는 사람이야"라는 자신감 때문에 어떤 사람을 만나도 기가 죽지 않는다. 당당하고 힘이 넘쳐나는 비결이다.

샤넬처럼 노력해라

"나의 성공은 끊임없이 노력하고 맹렬하게 일하는 데 있다."
"스무 살의 얼굴은 자연의 선물이고 쉰 살의 얼굴은 당신의 공적이다."

프랑스 복식 디자이너 탄생의 주인공이자 세계적인 패션디자이너로 유명한 샤넬의 말이다. 노력은 곧 땀이고 쉰 살의 얼굴이 공적이라는 말은 그만큼 장시간 동안 열정을 쏟으면 누가 보아도 당당하게 성공한 사람이 되는데 그만큼 시간을 알차고 길게 투자하라는 얘기이기도 하다.

샤넬은 장식성이 많은 옷으로부터 여성을 해방시킨 현대여성 패션의 대모로 불린다. 그녀의 옷은 간단하고 입기 편하며 활동적이면서도 여성미가 넘친다. 이런 샤넬 스타일은 100여 년의 시간이 흐른 지금도 여전히 변함없이 인기가 좋다.

샤넬의 일생을 알면 성공적인 삶을 위한 메시지가 여러 가지 숨어 있다. 그녀의 유년시절은 그다지 행복하지 못했다. 이른 나이에 어머니가 죽고 아버지가 방탕한 생활을 하자 그녀는 어린 시절을 수녀원에서 운영하는 고아원에서 보내게 된다. 이때 샤넬은 수녀원에서 자라며 바느질과 부엌일을 배웠다. 그런 그녀가 세계적인 디자이너이자 명품을 탄생시킬 것이라는 생각을 누가

했을까? 더욱이 놀라운 사실은 샤넬이 20세기의 패션을 이끌어가리라고는 상상조차 못할 정도로 그녀의 바느질 솜씨는 서툴렀다는 것이다. 샤넬은 바느질보다도 바늘을 찾느라 보내는 시간이 더 많았다. 바늘 찾는데 시간을 많이 쏟았다고 하는 것, 그것은 그녀가 성공하기까지 타고난 재능보다는 그만큼 많은 노력을 기울였다는 것을 의미한다.

샤넬은 디자이너가 되었을 때 뛰어난 패션 감각을 지녔다고 평가받는다. 알고 보면 디자이너로서의 그녀의 능력은 수녀원 생활이 준 선물이었다. 샤넬의 스타일이라고도 할 만한 흑백의 조화와 심플한 디자인은 수녀원시절의 보고 느낀 감각과 바느질 노력의 영향을 받은 셈이다. 27세가 된 1910년에는 파리 깡봉가 21번지에 "샤넬 모드(Chanel Modes)"라는 이름으로 모자 가게를 열었고, 그 후로 1939년 56세의 나이로 은퇴할 때까지 30여 년 동안 가방, 향수 의류 등에서 명품을 탄생시켰다. 이는 하루아침에 일어난 게 아니고 꾸준한 노력을 통해 만들어진 결과인 셈이다.

1954년 그녀는 71세의 나이로 다시 복귀했다. 그 열정도 대단하지만 샤넬은 그 시기에 유명한 장식 끈을 단 트위드 투피스를 만들었고 이 투피스의 성공으로 다시 전성기를 맞이했다. 나이를 생각하지 않는 일에 대한 열정과 끝없는 노력의 결과인 것이다.

땀 흘리지 않고 뭔가를 이루려고 하거나 성공하려고 하는 사람들도 더러는 있다. 하지만 대부분의 성공한 사람들에게는 공통점이 있다. 시간을 두고 꾸준히 노력했다는 것이다. 그들이 일군 성공은 돌을 다듬어 성을 쌓듯이 그렇게 이루어진 것이다.

■ 샤넬에게서 배우는 성공 포인트 세 가지

첫째, 작게 시작해서 크게 키워라

우리 속담에 애는 작게 낳아 크게 키우라고 했다. 일에서의 성공도 사업에서의 성공도 그렇다. 샤넬도 모자가게에서 시작해서 세계적인 명품브랜드로 키웠다.

둘째, 같은 길을 가더라도 차별화를 기해라

샤넬의 흑백 조화, 심플한 디자인은 그 당시 파격적인 것이었다.

셋째, 서두르지 말고 꾸준히 자기 갈 길을 가라

샤넬은 50대에 세계적인 디자이너가 되었지만, 70대에도 일을 했고 또다시 히트작을 남겼다.

무엇을 남기고 떠날 것인가

"애가 아직 결혼도 안 했는데 집 한 칸은 마련할 수 있도록 도와줘야지. 월급 타서 언제 집 한 채 사겠어."

어느 날 50대 후반의 선배가 이렇게 말하면서 남들 다 가보는 해외여행 한번 못가 봤다고 했다. 결혼하고 집 살 때까지는 부모로서 도움을 주어야 되지 않겠냐는 것이다. 여전히 대학 졸업시켜 취직까지 자식 걱정이다. 성격 급한 내가 참지 못하고 한마디 하지 않을 수가 없다.

"선배님 정말 왜 그러세요. 이제는 선배님 인생을 살아야지요. 아니 대학까지 졸업시켰으면 되었지. 왜 결혼 걱정, 집 걱정까지 해요. 선배님은 그렇게 좋아하는 여행 한 번도 못가면서 그렇게까지 할 필요가 있습니까? 훗날 자식들이 살다가 너무 힘들 때 그때 여유 있으면 도와주세요."

자식들에게 돈이나 부동산을 유산으로 많이 물려주려는 부모들이 한국사회에서는 여전히 많다. 예로부터 '땅 부자 3대 못 간다는 말이 있다. 물질적인 유산, 즉 돈이나 부동산은 언제 어떻게 소리 없이 사라질 수도 있다. 그런데도 불구하고 대한민국 부모들은 끔찍하게도 사랑하는 자식들에게 한 푼이라도 더 물려주기 위해 나이 60이 넘어도 부동산 투기를 하거나 먹고 싶은 것 못 먹고, 입고 싶은 옷 안 입어 가면서 재산을 모으려고 아등바등한다.

대부분의 사람들이 알고 있다. 부모가 유산을 많이 남기고 떠난 후 형제들 간의 싸움이 일어나 가족이 해체되는 일이 발생한다는 것을. 평범한 개인은 물론이고 대기업 총수의 자식들도 부모가 남기고 간 돈과 부동산 때문에 싸우고 멀어지는 일이 비일비재하다. '돈이 결국 자식을 망치는 일이다'라고 흉보며 비난한다. 그러면서도 결국 자신도 똑같은 일을 만들어놓고 떠나는 이들이 부지기수다.

사람들을 만나다 보면 자식들이 직장에 다니면서 결혼하여 잘 살고 있는데도 뭐가 더 아쉬운 것인지 더 많은 재산을 물려주지 못해 안달이 난 부모들이 있다.

어느 택시 기사는 평생 핸들만 잡고 일하면서 모은 돈으로 두 아들을 대학 졸업시킨 후, 결혼시켜 집도 한 채씩 마련해주었는데 둘째 아들이 사업으로 다 털어먹고 또 돈을 요구했단다. 며느리는 여기에 한술 더 떠서 집을 사주지 않으면 이혼하겠다고 하자 아내는 노후생활에 대비해 구입한 땅을 팔아주자고 날마다 보채더란다. 자신의 생각은 달랐지만 결국에는 그 땅을 팔아주었단다. 남은 건 17평짜리 아파트와 택시 한 대로 끔찍한 자식사랑에 노후생활까지 저당 잡힌 식이 되어버린 셈이다.

살면서 한 번쯤은 석용선 스님의 '여보게 저승 갈 때 뭘 가지고 가지?'를 떠올릴 필요가 있을 것 같다. 이 책을 반드시 읽어야 한다는 게 아니다. 적어도 제목만 놓고서도 각자의 삶에 대한 성찰을 할 수 있기 때문이다. '저승 갈 때 무엇을 가지고 가느냐'는 말은 곧 '삶을 살다가 무엇을 남기고 떠날 것인가?'를 생각하게 한다.

지인 중 미용실을 운영한 지 올해로 30년이 되는 60대 미용사가 있다. 그녀는 결혼할 때 어려웠던 상황이었기 때문에 딱 한 가지를 명심했다고 한다. '나에게 주어진 일에 최선을 다하자. 책임감과 성실함만 있으면 가능한 것이다'라고 늘 생각을 하면서 실천했더니, 어려웠던 살림도 나아졌고, 가정도 화목해졌다고 한다.

그녀는 아들이 중고등학생 시절부터 늘 '너에게 주어진 일에 최선을 다해라. 엄마 아빠는 그렇게 살고 있다. 엄마가 너에게 줄 것은 바로 그것밖에 없다'라고 강조했다. 자신이 그렇게 살았으니 당당하게 말할 수도 있었지만 아이가 형제 없이 혼자이기 때문에 부모가 과잉보호만 하면 어른이 되었을 때 독립심과 자생력이 부족할 수도 있다는 걱정이 됐다고 한다. 가장 쉬운 것은 엄마인 자신이 모범을 보이면서 자식에게도 그렇게 하라고 말했다. 그 아들은 20대 중반이 되고부터는 만나는 사람마다 엄마가 존경스럽다고 한단다. 그녀는 자식에게 물려줄 가장 큰 재산은 돈이나 부동산이 아니라 정신적 유산이라고 말한다. 부자는 아니지만 먹고 사는데 지장이 없을 만큼 아니 일을 하지 않아도 죽는 날까지 쓸 돈은 이미 마련해놓았다고 했다. 또 아들에게 말은 안 했지만 힘들 때 도와주려고 아들을 위한 비자금도 약간 만들어놓았단다.

그녀의 생각은 완고하다. 아들에게 필요한 도움을 주어야 하는 특별한 사건이 벌어지지 않는 한 재산은 절대 물려주지 않을 작정이란다. 사회 환원을 생각하고 있다는 것이다. 한번은 그녀에게 "정말 그 무형의 정신적인 유산만 물려주실 건가요?"라고 묻자 이런 말을 했다.

"앞으로 틈날 때마다 그간 제가 살아온 인생을 일기처럼 편안하게 생각나는 대로 꾸준히 써보려고 합니다. 완성되면 저희 아들과 며느리에게 줄 것입니다."

고기를 잡아 주지 말고, 고기 잡는 방법을 가르쳐 주라고 했다. 세상을 잘 살 수 있는 이치를 물려주는 것, 그보다 더 좋은 유산은 없다. 재산이 수십 억 되는데도 자녀들이 독립할 때 임대보증금과 결혼 자금 일부만 주고, 나머지는 아예 공증을 서서 사회에 환원시키는 사람도 있다. 사회 환원이라는 아주 중요한 유산을 자식들에게 물려준 셈이다. 어떤 이는 자신의 인생을 담은 한 권의 자서전을, 또 어떤 이는 일기를 자식들에게 유산으로 남겨놓기도 한다. 그리고 어떤 사람들은 몇 대째 대대로 내려오는 가보와 같은 소중하게 간직해온 물건을 남기기도 한다.

물질적인 것이 아닌 정신적인 유산을 남기고 떠나는 것에 대해 생각을 해보면 어떨까? 세상을 위해 자식을 위해 무엇을 남기고 갈 것인지에 대한 선택은 각자의 몫이다. 다만 자신만의 특별한 유산을 물려주려면 사전에 준비가 필요하다. 혹자는 '내 나이 40인데 왜 벌써부터 유산 걱정을 해야 하나?'라는 반문을 할 수도 있겠다. 의미 있는 유산, 소중한 유산, 아름다운 유산일수록 하루아침에 만들어지는 것이 아니기에 세상을 떠날 때 남기고 갈 유산에 대한 준비는 일찌감치 할수록 좋지 않을까?

인생 터닝 과감하게 시도해라

몇년 전 젊은 인재들의 해외취업에 대한 책을 쓰고자 인터뷰를 한 사람 중에 아주 인상적인 여성이 있었다. 30대 초반의 P는 싱가포르에 있는 글로벌 IT사의 아시아 지부에 근무하는 직장인이다. 그녀가 이 회사에 입사한 것은 나이 서른이 넘어서였다. 대학을 졸업하고 직장생활을 5~6년 하던 중 갑자기 새로운 생각을 했다. 안정적인 기업의 비서실에 근무하고 있었지만 본래 그녀의 대학시절 꿈이었던 항공사 승무원이나 해외취업이었다. 나이 30이 가까워지면서 긴장감 없는 생활패턴이 너무 밋밋하다는 생각을 했고 미래에 대한 불안감으로 진로에 대해 스스로 다시 한 번 고민을 하게 된 것이다. 더 이상 나이가 들면 힘들겠다는 결정을 내렸다. 일단 그녀는 해외취업을 향해 칼을 뽑았고 과감하게 사표를 던진 다음 1년간 취업 준비를 했다.

주변에 외국기업에 취업한 사람들이 없어 그저 막막하기만 했다. 인터넷을 100% 활용하기로 작정을 하고 해외취업과 관련된 서적과 블로그도 찾아보고, 취업사이트들을 두루두루 섭렵하며 국가선택과 직종을 찾기 시작했다. 이런 과정에서 동서양의 문화가 잘 조화되어 있고, 인종차별 또한 덜한 데다 글로벌기업들의 아시아 지역본부가 많은 싱가포르를 선택했다. 구인 사이트를 매일 찾아가 어떤 분야가 비전이 있는지 체크하여, 결국 일자리가 가장 많은 IT분야에 지원했다.

그녀가 대단한 것은 인터뷰가 인터넷화상으로 1시간 정도 진행되었는데 이때 자신을 당당하게 팔았다고 한다. 자신이 지닌 장점이 회사의 비즈니스에 어떻게 이익을 가져다줄 수 있는지에 대해 상세하게 설명한 것이다.

요즘 국내 기업 면접 시에도 자신의 능력을 열거하는 인재보다는 입사 후 자신의 능력을 어떤 분야에서 어떻게 펼쳐 보일 것인가, 또 그것이 기업과 자신에게 어떤 도움과 만족을 주는가를 잘 피력하는 사람이 취업의 좁은 문을 통과할 수 있는 방법으로 알려지고 있다.

P는 결국 합격하여 2008년부터 싱가포르에서 한국을 포함한 아시아 지역 엔지니어들의 실질적인 업무에서 기술의 문제점에 대해 이메일과 실시간 채팅으로 지원하고 있다. 한마디로 멋진 젊은 여성이다.

인생 터닝! 즉 삶의 무대를 바꿔볼 필요가 있다. 성공하는 사람들 중에는 인생터닝을 통해 과거와는 전혀 다른 성공적인 삶을 누리는 이들이 부지기수다. 현실에 안주하지 않고 자신이 원하는 인생의 새로운 무대에 올라서는 인생 터닝을 한다는 것 그 자체가 쉬운 일은 아니다. 게다가 터닝 후 새로운 무대에서 성공하기란 더 힘든 일이다. 하지만 도전과 용기 있는 사람들은 인생 터닝에 주저하지 않는다. 그들은 과감한 결정과 치열한 사투를 통해 터닝에 도전하고 뜻을 일군다. 이를테면 후회 없는 인생을 사는 것이다.

흐르는 물처럼 지나간 시간들은 다시 돌아오지 않는다. 단지 해외의 직장생활이 뭔가 다를 것 같아서, 아니면 새로운 무대를 찾는 것이 멋진 일이라고 여겨져서 지금의 직장을 그만두고 새로운 도전을 할 필요는 없다. 만일 '아 지금 이 길은 아닌데', '나는 꼭 해보고 싶은 일이 있는데' 이런 마음이 간절하다면 철저한 준비와 용기를 갖고 인생 터닝을 시도해야 한다. 자신의 인생을 디자인할 수 있는 사람은 바로 자신 스스로이기 때문이다.

■ 인생터닝을 위한 네 가지 테크닉

첫째, 후회 없는 선택인지 신중하게 판단해야 한다.

자신의 적성, 능력, 미래 등을 감안한 후 선택을 해야 한다. 특히 기혼자들은 가족들과 충분한 대화를 나눈 후 시도 하는 게 좋다.

둘째, 올인 해야 한다.

준비부터 실행 시 그리고 좋은 결과를 얻을 때까지 '이게 아니면 그 어떤 것도 없다.'는 생각으로 미친 듯이 최선의 노력을 다해야 한다.

셋째, 선배들을 벤치마킹하라.

인생 터닝에 성공한 선배들은 왜, 어떻게, 어떤 결과를 만들었는지에 대해 책이나 기타자료를 통해 분석해본 다음 그들이 잘한 점을 벤치마킹하는 것은 아주 효과적인 방법이 된다.

넷째, 끝까지 간다는 각오와 신념이 필요하다.

'하다가 안 되면 또 다른 무대를 선택하지' 이런 생각을 갖는다면 안 된다. 같은 실수만 반복하고 주변에서 뚝심 없는 사람이나 심지 없는 사람으로만 보이게 된다.

거울 속에 모든 것이 들어 있다

스무 살만 넘어도 '거울' 하면 떠오르는 추억 한 가지씩은 있다. 대표적인 것이 10대 중반 사춘기 시절의 거울이다. 이 시기에는 남녀 누구나 거울을 자주 들여다본다. 소녀들은 예뻐 보이려고 보고 또 본다. 소년들도 마찬가지로 열심히 거울을 본다. 얼굴에 듬성듬성 생긴 여드름을 짜 보기도 하고 나름대로 튀는 헤어스타일을 만들고자 손으로 비비고 헤어스타일링 제품을 뿌리거나 바르곤 한다. 또 좋아하는 이성이 생겼을 때는 그 여학생 앞에서 표정을 어떻게 지어야만 살인미소라는 소리를 들을 수 있을까 등 이러한 고민에서 거울을 본다.

세계적인 이론물리학자인 아인슈타인도 16세 무렵 거울에 푹 빠져있었다는 것이다. 보통 사람들은 사춘기니까 예쁘게 보이거나 멋 부리려고 거울을 본다. 아인슈타인이 거울을 자주 본 이유는 전혀 다른 곳에 있었다. 아인슈타인은 만일 자신이 빛의 속도로 날아가면서 손거울을 꺼내 눈앞에 쳐든다면 '내 얼굴이 보일까, 안 보일까' 하는 고민을 했다고 한다. 훗날 아인슈타인은 상대성원리를 발견하게 된다. 그에게 있어서 거울은 성공을 가져다준 물건인 셈이다.

보통사람들은 어떨까?

반드시 성공은 아닐지라도 누구에게나 거울은 아주 소중한 물건이다. 자주 볼수록 좋다는 사실을 사람들은 잊고 산다. 유행가 가사 중에 '거울도 안보는 여자 쓸쓸한 여자'라는 노랫말이 있다. 보통 사람들은 나이가 들면 들수록 거울을 보는 횟수가 줄어든다. 남자 여자 할 것 없이 40~50대가 넘어가면 더 심해진다. 특히 여성들은 자녀들을 키우고 뒷바라지를 하다 보면 이미 피부에 노화현상이 일어나니까 괜히 속상해지는데다 외출하는 시간이 줄어들면서 화장도 덜 하게 되고 그러다 보면 자연스럽게 거울 보는 일이 적어진다. 그나마 피부 관리를 좀 하는 여성들은 하루 몇 번은 거울을 볼 수밖에 없다.

이제부터는 생각을 바꾸는 게 어떨까? 거울을 자주 들여다보는 습관을 길러보자. 하루에 열 번씩 보아도 좋다. 거울을 보아야 하는 가장 큰 이유는 자신의 얼굴을 자세하게 들여다볼 수 있기 때문이며 그 과정에서 자신에게 득이 되는 여러 가지를 발견할 수 있다.

첫째, 거울을 보면 건강상태를 빨리 파악할 수 있다. 눈이 부었거나 눈자위 색깔이 다르다면 분명 문제가 있는 것이고, 얼굴에 새로운 뭔가가 나 있다면 그 또한 잘 확인해볼 필요가 있다. 이런 연유에서 사람들은 얼굴만 보고도 '몸이 불편하십니까'라고 묻는다. 그만큼 자신의 건강상태 파악을 하는 가장 쉬운 방법은 거울을 보는 것이라고 할 수 있다. 건강에 신경을 쓰게 되면 조금이라도 문제에 빨리 대처할 수 있게 된다.

둘째, 거울을 보면서 자신을 돌이켜보기도 하고 또 새로운 변화를 생각하게 된다. 거울에 비친 자신의 얼굴을 보면서 "내가 나이에 비해 너무 늙어 보이고 어둡군". "피부 관리라도 좀 해야 되겠다." 이런 생각을 하게 되고, "배가 너무 많이 나온 것 같다. 살 좀 빼야겠다." 하는 자각도 갖게 된다. 또는 머리가 너무 길어서 지저분해 보이면 "오늘은 머리 좀 다듬어야겠다." 하거나 "오늘 친구를 만나기로 했는데 내 얼굴빛이 너무 우울하고 어두우니까 조금 더 밝은 인상을 지어야겠다."는 생각도 갖는다.

셋째, 웃는 습관을 길들일 수가 있다. 요즘 기업체 사장이나 교수 명강사들은 아침부터 거울을 보고 웃는 연습을 한다. 그들은 많은 사람들과 만나야 하는 직업을 지닌 데다 늘 웃는 얼굴, 미소 짓는 얼굴은 어딜 가도 환영받기 때문이다.

이뿐만이 아니다. 거울을 보면 새로운 각오나 의지를 다지는 기회를 갖게 된다. 가끔씩 힘들고 지칠 때 거울을 보면서 '그래 조금 더 참고 노력하자'라는 각오를 많이 한다. 거울을 통해 자신감도 더 기르고 삶의 의지도 더 강하게 다지는 것이다.

어떤 이들은 거울을 보면서 자기반성을 할 수 있어서 좋다고 하며, 또 어떤 사람들은 아이디어를 떠올릴 수 있어서 좋다는 이들도 있다.

거울을 보면 자신의 마음을 보는 것 같다. 한참 동안 쳐다보고 있으면 별의별 생각이 다 든다. 거울을 자주 봄으로써 건강 체크, 웃는 연습, 몸매 관리 등의 효과를 얻을 수 있으니 이보다 더 좋을 수는 없다.

■ 눈을 통한 자기건강 체크법

눈이 빛나는가?

'몸이 천 냥이면 눈이 구백 냥'이라는 우리나라 속담이 있다. 눈은 우리 신체 구조 중 가장 중요한 기관이다. 좋은 눈은 눈이 맑고 빛이 나야 하며 호수나 강에 비유하듯이 윤택하고 검어야 한다.

눈이 붓지는 않았는가?

눈 부위별로 신체 부위별 건강을 알 수 있다. 이를테면 위 눈꺼풀은 위, 아래 눈꺼풀은 비장의 건강을 나타낸다. 만약 이 부분이 잘 붓고 색깔이 탁하다면 이 부위의 장기가 건강하지 못한 것이다.

흰자가 누렇게 변했는지 확인하라

또 눈의 흰자는 폐의 건강을 나타내며 눈동자는 신장을 나타낸다. 담배와 수면 부족, 스트레스는 흰자를 누렇게 만들기 때문에 각별히 주의해야 한다.

30년 후 마스터플랜을 짜라

우리나라는 2000년 11월 기준 65세 이상 노인인구가 337만여 명에 달해 전체 인구(4천5백98만 명)의 7.3%로 고령화사회로 들어섰다. 게다가 고령화 진행속도가 매우 빨라 2011년 우리나라 노인인구비율은 약 11%로 전체인구 48,988,833명으로 65세 노인인구는 6,560,466명에 달한다. 한국노동연구원과 한국개발연구원(KDI) 측이 발표한 자료에 따르면, 2022년쯤이면 65세 이상 고령인구의 비중이 14%를 돌파, 우리 사회가 '고령화사회'를 지나 '고령사회'로 접어들 것이라고 예상하고 있다.

고령화사회에 들어선지 불과 22년 만에 고령사회로 진입하게 될 경우 우리나라의 고령화 속도는 세계 주요 국가 가운데 가장 빠를 것으로 예상됐다. 프랑스 115년, 스웨덴 85년, 미국 75년, 영국과 독일 각 45년, 일본 26년 등에 비해 최고 4배 이상 빠르다.

유엔에서는 65세 이상 노인인구가 전체 인구에서 7%를 차지하는 사회를 '고령화사회', 14%를 넘으면 '고령사회', 20% 이상이면 '초고령사회'라고 규정짓고 있다. 고령화 요인은 출생률 및 사망률의 저하에 있다. 또 평균수명이 긴 나라는 선진국이고 평화롭고 안정된 사회를 상징하는 의미에서 장수는 인간의 소망이기도 하다. 문제는 우리의 경우 즐겁게 받아들일 일만은 아니라는 것이다. 고령에 따르는 질병·빈곤·고독·무직업 등은 개인의 문제이지만 국가차원에서도 쉽게 보아 넘길 수 있는 일이 아니다.

고령화사회로의 진입은 소비가 격감하고 노동력이 감소하면서 성장잠재력이 줄어드는 부작용도 문제가 되지만 단기적으로는 노인복지가 가장 큰 문제다. 더욱이 선진외국들처럼 사회보장제도가 제대로 갖춰져 있지 않은 상태이다. 고령화인구의 급진적인 팽창은 노인은 물론이고 곧 노령화사회로 들어가게 될 중장년층들에게 미래에 대한 불안감마저 갖게 한다.

발 빠른 40~50대는 미리부터 노년시대의 삶을 스스로 준비한다. 경제력과 건강은 기본이며 60대 이후에도 하고 싶은 일을 하기 위해 새로운 분야로 전환을 한다. 또 고독과 싸우지 않고 보다 안정되고 즐거운 일상과 마음의 평화를 얻기 위해 배우자와의 사랑을 한결 두텁게 쌓고자 노력한다.

이미 경제적 기반이 탄탄한 사람들은 재테크를 통해 지속적으로 안정되고 윤택한 생활을 추구한다. 여기에 삶의 가치를 한층 더 올리고자 하는 이들은 60대 이후 사회와 이웃에게 봉사하며 즐겁게 살아가는 삶을 모색하기도 한다.

50대 후반에 들어서야 노후를 준비한다면 이미 늦은 셈이다. 60~80대를 건강하고 외롭지 않게 살고자 한다면 그 30년을 위해 40~50대 20년의 준비가 필요하다. 연금과 노후 보장 보험에 가입했다고 해서 그것으로 노후준비는 끝났다고 생각하면 오산이다. 돈만 있다고 해서 노후가 즐거운 것은 아니기 때문이다. 또 '아직은 젊다'는 자만심에 빠지지 말라. 만일 당신이 40대라면 아이들이 학교를 다니고 사회에 진출하는 동안 당신의 머리는 하얗게 되고 자신도 모르는 사이에 50대 중후반이 되어 있을 것이다.

'20년 후는 그때 가서 챙기자'는 대책 없는 생각으로 미래를 바라보지 말라. 인생이란 그리 호락호락 넘어가는 것만은 결코 아니다. '아침에 일찍 일어나는 새가 먹이를 많이 얻는다'고 하는 서양속담이 있다. 미리 준비하고 계획하는 자에게 미래의 인생은 밝고 건강하고 풍요로울 수밖에 없다.

■ 30년 후를 위해 체크해야 할 5가지

1. 자녀들의 공부를 시키고 난 후 노후생활자금은 있는가?

준비 중이라면 60세 시점에서의 자기자산을 미리 체크해라. 80세까지의 생활자금이 확보되어야 한다.

2. 현재 건강에는 이상이 없는가?

이상이 없더라도 규칙적으로 운동은 해야 한다. 그리고 종합검진을 받아야 한다. 종합검진은 1년에 한 번씩 반드시 받아라. 이상이 있다면 작은 문제일지라도 적극 대처해라.

3. 60대에 무엇을 할 것인가?

아무 일 없이 무위도식하며 살 수는 없다. 무엇이든 해야 한다. 돈을 버는 일도 좋고 사회봉사도 좋다. 어떤 활동이든 참여해야만 건강도 유지되고 정신적 만족도 갖게 된다.

4. 배우자의 건강은 어떠한가?

배우자의 건강도 함께 체크해보고 노후를 위해 건강에 신경 쓸 것을 조언해라. 금연과 금주를 제안하고 운동을 함께 시작해라.

5. 어디에서 살 것인가?

나이가 들면 지방이나 도시근교 전원주택에서 살고자 하는 이들이 많다. 건강하다면 그것도 좋은 방법이다. 하지만 원하지 않는다면 지금처럼 도시생활로 자립할 것인가, 아니면 실버타운이나 요양원에서 생활할 것인지 설계해야 한다.

술독에 빠질래? 술을 즐길래?

몇 년 전 알코올중독자였던 사람들이 병원 치료를 받고 재활의 의지를 불태우는 현장에 가서 인터뷰를 한 적이 있었다. 50대 후반 되는 A는 사업하다가 실패한 후 목수 일을 하다가 몇 달간 월급을 못 받았다. 그게 불만과 불신이 되어 술을 마시게 되고 그런 시간이 지속되면서 아예 술이 밥이 되어 아침부터 술을 마셨다. 그러다 보니 몸을 가눌 수도 없는 지경이 되고 집에서는 가장 및 가족으로서 대우를 못 받게 된 것이다. 자신의 몸에 이상을 느껴 119를 불러 병원에 갔지만 가족들은 병원에 오지 않았다고 한다. 오죽했으면 그랬을까. 결국 절친한 친구의 도움으로 재활센터로 갔으며, 1년이 지나 건강도 아주 좋아지고 있었다.

기쁠 때나 슬플 때, 또 즐거울 때나 어려울 때 우리 한국인들이 가장 즐기는 것이 바로 '술'이다. 우리는 흔히 술을 음식이라고 말한다. 실제로 제사상에도 술을 올리고 잔칫집이든 초상집이든 행사장이든 사람이 모이는 곳엔 술이 있다. 그만큼 오랜 세월 동안 술은 우리 생활 속의 일부가 되어 왔다. 또 식사하면서 한두 잔 마시는 술은 몸에 보약이 되기도 하고, 좋은 사람들끼리 만나 대화를 나눌 때도 와인이나 맥주 한두 잔 편하게 즐기면 분위기가 한결 좋아진다.

이렇게 술이 약이 될 때도 있지만, 독이 될 때도 많다는 게 문제다. 그 차이는 즐기는 당사자의 음주문화에 달려 있다. 절제가 안 된 과음이나 음주 후 자기관리가 안 되는 경우다. 직장·가정·모임에서 술 때문에 '주정뱅이'로 낙인찍히거나 '왕따'로 버림받은 이들이 적지 않다. 이런 사람들 대다수가 술에 취하지 않았을 때는 착한 남편, 성실한 직원, 좋은 친구 소리를 듣는다. 하지만 술만 취하면 전혀 다른 사람이 되어 버린다. 심해지면 결국 가족들도 쳐다보지 않는 알코올중독자였던 A씨와 같은 길을 걷게 된다.

이쯤 되니 술을 마실 줄 알면서도 의도적으로 술을 피하거나 싫어하는 사람들도 있다. 일부는 '술' 얘기만 나와도 고개를 돌린다. 술과 연관된 아주 좋지 않은 기억을 갖고 있다거나 술은 나쁘다는 편견을 갖고 있는 사람들이다. 그렇다고 술을 마시지 않는 것만이 정답은 아니다.

적당히 즐겁게 즐기면 건강에 해롭거나 타인에게 해를 끼치는 일이 발생하지 않는다. 비즈니스나 사교 시 와인 한두 잔과 맥주나 소주 한두 잔은 오히려 기본적인 매너로 통한다. 연애를 할 때도 애인과 가볍게 술 한 잔 나누는 것은 분위기를 더욱 달콤하게 하고 가정에서도 부부가 술을 함께 즐기면 소통에 많은 도움이 되고 애정도 깊어진다.

지나친 과음이 문제다. 무엇보다도 육체적 건강을 해치는 일이 된다. 일주일에 한두 번 마시되 소주 세 잔 정도에서 끝내거나, 맥주 한두 잔 아니면, 와인이나 요즘 다양하게 선보이고 있는 과실주 몇 잔은 건강에 큰 무리가 없다. 하지만 3일이 멀다하고 마시는 사람들은 건강에 해가 되지 않을 수가 없다. 간, 위, 장은 직접적인 발병원인이 된다. 노화는 당연히 빨라질 수밖에 없다. 알코올 중독 환자는 아닐지라도 일단 건강에는 무리가 따르게 되며 그로 인한 경제적 업무적 손실은 발생하기 나름이다.

알코올에 의존하는 사람들의 공통된 원인에는 술에 취하면 이상행동을 하는 못된 술버릇(?)이 문제가 되는 이들도 있다.

실직, 이혼, 사업 실패, 경제적 빈곤, 갑작스러운 신체적 장애 등으로 인한 괴로움을 술로 달래다가 알코올 중독자가 되는 이들도 많다. 알코올에 중독되지 않으려면 무엇보다도 긍정적인 마인드가 필요하다. 취업을 못해 실업상태이거나 사업에 실패를 했다 할지라도 "나는 다시 잘할 수 있다"는 스스로의 희망 찾기를 위한 마음가짐과 노력이 필요하다. 가족이나 주변 사람들과의 잦은 대화와 만남을 통해 고립되지 않는 것이 중요하다. 고독과 외로움은 술에 더욱 의존하는 요소가 된다.

■ 건전하고 건강하게 음주를 즐기려면

첫째, 혼자서 술 마시는 것은 피한다.

둘째, 술로 스트레스를 해소하거나 술의 힘을 빌어서 평소에 숨겨두었던 감정을 표출하지 말아야 한다.

셋째, 몸이 약한 사람들은 건강을 돕는 술이나 약한 술을 즐겨야 한다. 혈액순환을 돕거나 건강에 이로운 술은 한두 잔으로도 충분하다.

넷째, 가정에서 가족과 함께 즐기는 것은 아주 좋다. 부부간의 애정, 부모와 자식 간의 대화와 정을 돈독하게 해주는 끈이 된다.

★ 한국음주문화연구센터: 카프(KARF)

음주문화연구센터 카프는 국내 최초의 알코올문제 전문 연구센터로 건전음주문화 조성과 건강사회 구현을 선도하는 기관으로 2000년에 설립되었다. 센터는 일산 백석동에 위치한 카프병원을 통해 알코올 의존자 치료를 하고 청소년을 위한 예방교육사업, 그리고 알코올상담센터를 운영하고 있다. 알코올 의존자들의 거주 및 사회복귀를 돕는 거주시설 '감나무집'과 재활사업 등을 하고 있다. 재단법인 한국음주문화연구센터 '카프(KARF)' (☎ 031-810-9000)

노블레스 오블리주와 친해지자

철강왕 앤드루 카네기, 미국 최초의 합병 회사인 스텐더드 석유 회사를 창립한 존 록펠러, 컴퓨터 황제 빌 게이츠, 세계 두 번째 부자인 워렌 버핏, 독일의 '자동차 경주의 황제' 미하엘 슈마허, 홍콩의 리자청 창장 그룹 회장, 이나모리 가즈오, 무하드 유누스 등등.

유명한 이 인물들의 공통점이 세계 제일의 부자라는 것 그것만은 결코 아니다. 이들에게는 '노블레스 오블리주(Noblesse oblige)'라는 공통분모가 있다. 동양인보다는 서양인들이 자신의 재산 중 많은 돈을 사회봉사를 위해 복지재단을 만들어 운영하거나 직접 몸으로 봉사활동을 실천했다. 봉사에 참여하는 유명인들 역시 동양인이 서양인들에 비해 적은 편이다

유산과 상속의 문화가 뿌리 깊은 우리나라도 노블레스 오블리주 앞에서는 그다지 할 말이 없는 나라다. 욕심을 버리고 국내 최초로 종업원지주제와 전문경영인제를 실시하고 개인의 재산을 사회에 환원한 유한양행의 창업자인 고 유일한 박사와 몇몇 기업인을 제외하고는 자식들에게 상속하는 재산가들이 대다수다. 일부 기업들은 선대에서 물려준 재산을 서로 차지하려고 싸움까지

하는 그야말로 창업자의 얼굴에 먹칠을 하는 사례도 종종 발생하고 있다.

이쯤 되고 보면 철강왕 앤드루 카네기와 워렌버핏을 떠올리지 않을 수가 없다. "상속은 자식들을 망치게 한다"고 말했던 그는 미국 기부문화의 원조 격으로 불린다. 그는 2천 5백여 곳의 도서관을 헌납했고, 시카고 대학을 비롯한 12개 종합대학, 12개 단과대학과 연구소를 지어 사회에 기증했다.

컴퓨터 황제 빌게이츠는 경영일선에서 물러나면서 자선사업에 전념하겠다는 선언과 함께 4백억 달러에 달하는 재산의 대부분을 빈곤 및 질병퇴치를 위해 내놓았다. "사회의 자원이 귀족가문처럼 대물림돼서는 안 된다"고 말한 워렌 버핏 회장 역시 지난 2006년 37조 원에 달하는 엄청난 재산을 자선재단에 기부했다.

언젠가 한 인터넷 사이트에서 네티즌들을 대상으로 리서치를 한 결과 한국을 위해 복제하고 싶은 리더로는 이순신 장군이 39%(587명)의 압도적인 지지로 1위에 올랐으며, 링컨 21%(310명)에 이어 간디와 마더 테레사, 피터 드러커가 9% 순이었다.

왜 네티즌들은 마더 테레사를 복제하고 싶은 인물 중 한사람으로 꼽았을까? 우리가 살아가는 현시대에 그리고 대한민국 땅에 마더 테레사처럼 몸으로 이웃 사랑을 실천하는 사람을 찾아보기 어렵다는 얘기다. 1979년 노벨 평화상을 받은 마더 테레사는 몸과 마음에 상처를 입는 사람들을 위해 자기를 희생해 온 인물이다. 인도의 캘커타 빈민가에서 '사랑의 선교회'를 열어 온몸으로 사랑을 실천했으며, 나병 환자들이 자립해 살 수 있게 돕는 재활센터를 마련하기도 하고, 빈민굴에서 부모를 잃은 고아들을 돌보기도 했다.

봉사와 기부가 아름답고 존경받을 만한 이유는 분명하다. 시시각각 지구촌 곳곳에서 일어나는 전쟁과 가난으로 고통받는 수많은 사람들, 예고 없는 재난으로 인해 삶이 뒤바뀐 사람들이 다시 살아갈 수 있고 용기와 힘을 얻을 수 있는 것은 바로 이들이 있기 때문이다. 최근 들어서 사회 환원이나 봉사에 관심을 기울이는 기업도 생겨나고 개인도 늘고 있는 추세다. 누구의 강요나 이끌림에 의해서가 아닌 자발적인 참여가 확산될 때 우리 사회의 사랑온도계가 올라간다. 안타까운 것은 우리 사회는 이를 가장 먼저 실천으로 옮겨야 할 계층의 사람들이 그렇지 못하고 있다는 사실이다. 소위 사회 지도계층이라고 하는 사람들이 자기 밥그릇 챙기기에만 급급하고 부정부패의 주범이 되는 사건이 잦다보니 평범한 보통사람들은 그들로부터 보이지 않는 정신적 상처를 받게 되는 꼴이다. 이를테면 '잘 난 저들도 자신의 욕망 충족에만 혈안이 되어 있는데 하물며 우리 같은 서민이 왜 청렴결백과 나눔에 앞장서야 하는 건가'라는 생각을 가질 수밖에 없는 현실인 셈이다.

2009년 행정안전부가 '노블레스 오블리주 지표 개발 연구용역'을 통해 성인 표본 집단 800명에게 사회 지도층의 병역, 납세, 기부, 청렴성 등을 평가하도록 했을 때 100점 만점에 26.48점이 나왔다. 특히 주목되는 것은 집단별로 볼 때 국회의원과 정치인이 16.08점으로 최하위를 기록했으며, 고위 공무원이 26.4점으로 그 다음을 차지했다. 참으로 답답할 때가 한두 번이 아니다. 평범한 서민들에 비해 경제적으로 먹고 사는데 지장이 없는 정치인·공무원·기업인 학자들이 부정부패를 통해 자신의 부를 일구고 허수아비 같은 명예를 추구하는 일이 좀처럼 사그라들지 않고 있으니 말이다.

인생을 살아가면서 자신과 자기 가족만을 위해 부를 축적하는 사람처럼 미련하고 바보스러운 사람은 없다. 이 말에 비웃는 사람도 있겠지만 인생이란 게 한번 태어나서 다시 흙으로 돌아가는 것이라는 것을 생각한다면 살아있는 동안 다 쓰지도 못하는 엄청난 돈을 자식에게 물려주거나 움켜쥐고 있는 것은 정말 불쌍한 일이 아니고 그 무엇이겠는가? 나누며 사는 것, 서로 돕고 챙겨주며 사는 것이 정말 가치 있는 일이 아닌가 싶다.

스스로 생각해볼 때 지금까지 자신만을 위해 살아왔다고 생각된다면 이제부터라도 주변에 관심을 가져보는 게 좋다. 누군가는 반드시 도움을 필요로 할 것이다. 지금 당장이라도 자연재해를 입은 농촌으로 달려가 단 하루만이라도 땀 흘려 복구 작업에 참여한다면, 어려운 이웃을 찾아가 나눔을 실천한다면 그것만으로도 아름다운 봉사인 것이다. 봉사는 때와 장소가 따로 없고 기부 금액의 적고 많음이 중요하지 않다. 일단 실천하는 것이다.

나는 소망한다. 대한민국의 사회지도층 인사들 그들이 '나부터'라는 생각과 양심으로 노블레스 오블리주를 실천하는 데 앞장서주길 간절하게 소망한다.

■ 노블레스 오블리주를 실천하는 방법

첫째, 시간이 없는데 마음은 있다면 가장 간단한 방법은 후원금을 보내주면 된다. 사회복지시설이나 후원단체 또는 비영리법인기구 같은 곳에 단돈 만 원이라도 괜찮다. 액수에 상관없이 후원하면 된다.

둘째, 가까운 이웃부터 돌보자. 같은 지역 내에 사는 독거노인가정, 소년소녀가정에 방문하여 청소도 해주고 집안 청소, 세탁 같은 것도 해주고 반찬도 만들어주면 된다. 동사무소나 구청에서 대상자를 추천받아도 좋다.

셋째, 가족단위나 모임 또는 직장단위로 할 수 있는 자원봉사활동으로 노인시설, 장애인 시설, 고아원 이런 사회복지 시설이나 재해 현장을 찾아가 몸과 마음으로 돕는다. 아주 아름다운 일이다. 젊은 시절에는 특별한 부자가 아니라면 기부나 후원금은 적게 내더라도 몸으로 하는 자원봉사를 자주 한다면 그것만으로도 아름다운 삶이다.

넷째, 훗날 경제력이 커졌을 때, 열심히 일한 후 노후에 경제적 여유를 찾을 때 욕심을 조금 버리고 재산의 사회환원을 실천하면 좋다.

누구나 한번쯤은 넘어진다

사람들은 자신이 처한 현실이 가장 슬프고 힘들며 고통스럽다고 생각한다. 과연 그럴까? 사노라면 절망·방황·고독·빈곤 등 삶을 포기하고 싶어지는 일들이 예고 없이 찾아온다. 그럴 때마다 삶의 끈을 놓는다면 이 세상 사람들의 대부분은 자살했어야 한다. 하지만 삶이 매력적인 것은 슬픔을 딛고 일어서면 희망이 보이고 또 기쁨이 다가오기 때문이다. 인생을 흔히 '희노애락(喜怒哀樂)'으로 비유하는 것도 다 그 때문인 것이다.

한겨울 서울역 지하도나 한여름 시내 중심에 있는 공원에 가보면 노숙인들을 만나는 일이 그리 어렵지 않다. 어떤 이들은 공원 벤치에 누워 잠을 청하거나 지하도 한편에서 종이 상자로 바람막이를 만들어 놓고 노숙을 하는 사람도 있다. 어떤 방법으로든 사랑의 손길을 펴고자 하는 이들도 있고, 동정의 눈으로 안쓰러움만 안고 가는 이도 있지만, '왜 저렇게 살아'라는 비수 같은 말을 꽂고 가는 이들도 적지 않다. 누구인들 노숙생활이 즐거워서 그 생활을 택했을까?

산다는 것은 늘 햇살 가득한 날만 있는 것이 아니다. 경제적으로 넉넉한 사람이라고 해서 그들에게 늘 즐거운 일만 웃을 일만 생기지는 않는다. 가난을 대물림받은 이들도 있지만, 사업 실패나 사기를 당해서 한순간에 길거리로 내몰려 노숙 생활을 하는 이들도 적지 않다. 그렇다고 노숙인의 모습이 그들의 영원한 모습은 아닌 것이다.

대중가수 윤태규의 노래 마이웨이의 가사를 싫어하는 사람은 없을 것이다. "누구나 한 번쯤은 넘어질 수 있어. 이제와 주저앉아 있을 수는 없어. 내가 가야 하는 이 길에 지쳐 쓰러지는 날까지 일어나 한 번 더 부딪혀보는 거야 ……."

바로 희망을 놓지 않고 도전을 하는 것이야말로 인생의 진미일 수도 있다.

스케이트보드의 한 종류로 에스보드는 최근 몇 년 사이 청소년과 젊은 층에서 인기를 얻고 있다. 국내에서 이미 수십만 개 이상, 미국에서는 수백만 개 이상 팔린 레포츠용품이다.

이 제품을 만든 주인공이 한때는 서울역 지하도에서 노숙생활을 한 사람이라는 사실은 매스컴을 통해 이미 잘 알려진 얘기다. 가구 대리점을 하던 1997년, 아들이 막 태어나자마자 회사가 부도나서 모든 가산을 정리한 후 집이 없어 가족들은 지방의 처가 근처에서 월세방 생활을 하고, 그는 사우나, 고시원 등을 전전하다 그 돈마저 아까워서 서울역 지하도에서 노숙을 했다고 한다.

가까운 지인 중 한 사람인 L은 14년 전 절망에서 벗어나고자 많은 고민을 했었다. 잘 나가던 직장인 은행을 그만두고 사업을 시작했다가 10억 원이 넘는 재산만 탕진하고, 빚까지 진 상태에서 한참 크는 아이들이 셋이나 됐다. 부친이 챙겨준 5백만 원으로 월세 보증금을 넣고 지하 월세 방에서 재기를 꿈꾸었다. 쉬운 일이 아니었다. 냉동탑차 한 대를 구해 물류서비스를 시작했다. 그는 성실하게 일했고 거기에 운까지 따라서 사업이 해마다 확장되었다. 지금은 직원 수 100여 명을 둔 탄탄한 물류회사의 대표가 되어 있다.

수백 여 명의 직원을 두고 연간 천억 원대의 매출을 올리는가 하면 히트상품 제조기로 불리면서 성공신화의 주인공으로 불리는 기업인들이 셀 수 없이 많다. 그들의 공통점은 무엇일까. 100%는 아닐 수도 있지만 십중팔구는 부도난 회사를 다시 일으켜 세웠다거나, 한때 자금난으로 애타게 은행 문을 수도 없이 두드리면서 천덕꾸러기 신세를 경험한 이들이다. 또 그들 중에는 집이 없어서 단칸방 안에 여러 식구가 살았다는 사람도 있고, 자살 직전에 발길을 돌려 다시 일어섰다는 이들도 있다.

인간을 지배하는 것은 환경이다. 아무리 열심히 노력하고 열정을 쏟아도 때로는 둘러싸고 있는 환경의 영향으로 인해 결과는 실패로 나타날 수도 있다. 자신의 노력과 의지와는 무관하게 운명의 장난 같은 불행과 맞닥뜨릴 수 있다. '인간의 힘' 만으로는 도저히 안 되는 것들이 있다. 게다가 인간은 감정을 지닌 동물이다. 심리적 영향으로 인해 좌절과 절망에 빠지기도 하고 방황도하게 된다. 사람이라면 누구나 그 당사자가 될 수 있으며, 이는 잘잘못을 따지고 비난할 성질이 아닌 것이다. 주변 사람들의 몫은 이해하며 도와주고 용기와 희망을 주는 일이다.

세상사 인간사는 지구본에 그려진 지도 속의 굴곡진 선만큼이나 복잡하고 다양하며 시시각각 변화 속에서 대응하도록 요구한다. 그러한 과정에서 실패와 성공이 교차되기도 하고 반복되기도 한다. 목이 마른 사람에게는 물을 주고 쓰러진 사람은 일으켜 세워주고 혼자서 걷기 힘든 이에게는 어깨를 내어주는 것, 그것이 야말로 자신의 인생을 아름답게 가꾸는 일이다. 언제 어디서 나또한 목이 마르고 쓰러지고 방황하게 될지도 모른다는 것을 생각한다면 좌절과 방황 속에 갇힌 사람들의 손을 잡아주는 일은 그리 힘든 일이 아닐 것이다.

전문분야의 장인으로 거듭나라

"不知三軍之事, 而同三軍之政者, 則軍士惑矣. 不知三軍之權,

而同三軍之任, 則軍士疑矣.

군주가 삼군의 사정을 모르고 군대의 행정에 관여하면, 바로 군사들의 의혹을 사게 된다. 쉽게 말해 군주가 군대의 사정을 모르고 군대의 임무에 간섭하면, 즉시 군사들의 의심을 살 수밖에 없다는 말로 『손자병법』의 「모공편」에 나오는 말이다.

20여 년 전만 해도 연구원 출신이나 학계출신이 창업을 한다고 하면 주변 사람들이 보따리 싸들고 말리는 게 다반사였다. 아무리 머리가 똑똑하다 할지라도 전문지식만 갖고서는 사업에서 성공하기 어렵다는 이유에서다. 막 창업하는 회사의 대부분이 소기업에서 출발하기 때문에 사장이라면 1인 3역은 기본이라는 생각이 지배적이었다. 우수한 제품을 만들어내는 것도 중요하지만 영업을 알아야 하고 자금 운영테크닉도 필요하다는 관점에서다. 실제로 창업 자체가 사장의 홀로서기 무대로 통하던 과거의 상황에서는 틀린 말이 아니다. 아이디어 하나만 믿고 획기적인 제품을 만들어냈지만 대량생산을 위한 설비자금이 없고 시장진입 노하우가 없으면 무용지물이 되기 때문이다.

어디 창업하는 사장만 그랬을까. 부서의 팀장들도 마찬가지였다. 아무리 전문지식이 풍부하다 할지라도 나이가 어리고 인맥이 넓지 못한 사람은 팀장이나 부서장이 될 수가 없었다. 오히려 전문적인 실력은 조금 떨어지더라도 사장이나 임원과 혈연 지연 학연 중 그 어떤 것으로라도 관계가 있어야만 한자리 차지하는 것이 가능했다.

시대는 변하고 있다. 손에 쥔 돈이 없고 세무나 회계에 대한 지식이 전혀 없어도, 영업에 대해서 문외한 일지라도 회사를 창업한다. 몇 년 만에 몇 십 억 원 몇 백 억 원의 매출을 올리는 기업의 CEO가 된 사람들이 수없이 많다. 20대 후반, 30대 초반의 젊은 나이에 이사가 되고 부서장이 된 사람들 또한 적지 않다. 이제는 열두 가지 재주를 가진 사람보다는 한 가지만이라도 전문가로서의 능력을 제대로 갖춘 사람을 원한다. 나이나 성별 인맥 따위는 이제 거추장스러운 옷이 되어버렸다.

10대 후반시절부터 20여 년간 금형제작업계에서 잔뼈가 굵은 S는 30여 명의 직원을 거느린 30대 후반의 젊은 사장이다. 전무는 사장보다 열 살이 더 많으며 생산부서 팀장들 중에는 사장보다 많게는 열다섯 살이 더 많은 사람도 있다. 직원들은 사장의 전문지식과 기술노하우에 감탄을 하고 그의 능력을 존경한다. 직접 금형 설계에서 제작까지 전 과정에 걸친 기술을 확보하고 있는 사장의 능력을 능가하는 이가 없기 때문이다. 8년 전 작은 임대공장에서 출발했지만 지금은 산업 단지 내에 현대식 자동화설비를 갖춘 어엿한 자체공장을 갖고 있다. S의 뛰어난 금형기술노하우는 창업 당시부터 소문이 나서 늘 일거리가 넘쳐났다. 그 덕에 기술력을 인정받아 정부의 중소기업 지원 자금을 저리에 대출받아 신공장도 마련하게 된 것이다.

고졸학력의 20대 후반의 기획사 차장인 M은 컴퓨터그래픽분야의 알아주는 전문가다. 10년 전 그가 이끄는 팀원들 5명 중에는 나이가 두세 살 더 많은 대학원 대학출신의 부하직원들이 있었다. 사회에서는 오빠 같은 사람들이지만 사내에서 그들은 M차장을 신뢰하고 따르는 아랫사람들이었다. 그 후 M차장은 애니메이션 회사를 차려서 독립했다.

사회나 기업은 개인의 능력을 중시한다. 학력·성별·나이 따위는 더 이상 인재 평가의 잣대가 되지 않는다.

전문가로 성공한 사람들의 실화를 일일이 열거하지 않더라도 한 분야의 전문지식과 노하우로 무장되어야 하는 중요한 이유는 또 있다. 다름 아닌 일하는 내내 스스로 즐겁다는 것이다. 자신이 좋아하고 잘할 수 있는 일을 하니 성공도 성공이지만 무엇보다도 마음이 즐겁고 그것이 엔도르핀을 만들면서 창의력으로까지 이어지게 된다.

당신이 만일 새로운 분야에 전문가가 되길 원한다면 지금 당장 선택하고 도전해라. 가장 늦었다고 생각될 때가 가장 빠른 것이다. 적어도 훗날 '나도 그것을 했으면 성공했을 텐데'라는 식의 기차가 떠난 후 후회하는 일은 없어야 할 테니까.

통하려면 세대별 특징 읽어라

언제부터인가 인터넷에 들어가면 대체 이게 무슨 말인지 알 수가 없어 궁금증을 자아내는 말들이 종종 나타난다. 몇 년 전에는 '쌩얼'과 '지름신'의 뜻을 몰라 30대 초반 후배기자에게 물어본 적도 있다. 반대로 20~30대 젊은 후배들과 술을 마시다가 70~80년대 영화배우나 가수의 이름을 말하면 '그런 사람이 있어요?'라고 말하기도 하고, 70년대 초등학교 시절 무상급식용으로 받았던 건빵이나 교내 각종 대회에서 수상을 하면 학용품을 상품으로 받았다고 말하면 '아 옛날엔 그랬었구나.' 하고 의아해하는 모습을 보게 된다.

같은 시대를 살면서도 일상생활에서 젊은 층이 사용하는 언어와, 중장년층이 사용하는 언어가 서로 다르다. 젊은 층이 즐기는 문화와 중장년층이 회상하는 젊은 날의 문화는 확연하게 다르다. 그러다 보니 때로는 대화의 장벽이라는 말이 나올 만큼 소통이 어려운 상황도 발생한다. 이런 것을 두고 '세대차이' 또는 '세대 간 문화차이'의 단적인 예라고 말할 수 있다.

요즘 중장년층 또는 노년층들과 20~30대 젊은 층과의 세대 차이는 너무나 크다. 이로 인한 갈등의 골도 깊어지는 양상을 보이고 있다. 세대 간의 갈등은 어느 시대, 어느 사회에서든지 나타나기 마련이다. 우리나라의 경우, 산업사회에 이어 정보화 사회로의 발전이 불과 30여 년 사이에 급속도로 진행되어 유독 세대 간의 갈등이 크게 나타난다. 이런 세대 간 갈등의 골이 깊어지다 보면 사회문제가 되고 이와 관련된 사건들도 종종 발생하기 마련이다.

그 단적인 예가 서로의 문화나 의식의 차이로 인해 요즘 들어 부쩍 자주 발생하고 있는 젊은 층과 중장년 또는 노년층과의 시비나 싸움이다. 특히 지하철이나 공공장소에서 젊은 층이 노인들에게 또는 노년층이 젊은 층에게 심한 욕설과 폭언을 하거나 때로는 묻지마 폭력을 가해 충격을 주고 있다. 상황이 이쯤 되다 보니 "동방예의지국은 어디로 갔냐?", "어른이면 어른답게 행동하라", "분통이 터진다"는 등의 말들이 나오고 있다.

세대 간의 의식차이는 고령화사회에 나타나는 사회적 갈등의 단적인 예다. 어차피 같은 시대에 함께 어우러져 살아가야 한다면 세대 간의 갈등은 반드시 해소되고 해결돼야 한다. 때문에 방송활동을 하는 나로서는 이따금씩 "세대 간의 갈등, 세대의 특징을 알면 풀린다"는 말을 전하곤 한다.

나이 차이, 세대 차이가 있더라도, 어차피 함께 일하고, 함께 문화를 공유해야 하는 게 사회생활이다. 기업이나 사회단체 동호회 같은 조직에서는 허심탄회하게 서로 각자가 지닌 의식이나 문화에 대한 토론을 하고 서로의 간격을 좁혀가는 추세다. 사실 젊은이라고 해서 다 과격하거나 버릇없는 것도 아니고, 세대가 다르다고 해서 말이 통하지 않는 것은 아니다. 특히 기성세대라고 해서 다 고지식하고 일방적인 것은 아니다. 서로 이해하고 양보하는 가운데 간격을 좁혀가다 보면 문제는 해소될 수 있다.

지금 우리 사회의 구성원들은 크게 4개 층의 세대로 구분할 수 있다. 이를테면 보릿고개를 경험한 60대 이상의 유신세대, 민주화를 위해 시위를 하던 40대 후반부터 50대 후반까지의 386세대, 그리고 86 아시안게임과 88 올림픽을 보면서 소위 '88 꿈나무'로 통하던 30대 초중반부터 40대 중반까지의 신세대, 그리고 10~20대로 피자와 모바일 인터넷 문화에 길들여진 M 세대로 나눠진다.

우리나라가 워낙 급속한 경제성장과 격정의 세월을 보내다 보니 10~15년 차이지만 사람들은 각각 서로 다른 문화와 다른 사고로 성장했다.

세대 간 갈등의 골이 깊어지는 것은 그 세대의 단점이 많고 잘못되어서가 아니라, 서로 이해와 양보가 부족해서 그렇다. 서로가 살아온 시대적 특징을 이해하고 서로의 장점을 치켜 주고, 단점은 잘 개선할 수 있도록 이끌어주면 세대 간의 의식과 문화의 격차나 갈등은 빨리 줄어들 수 있을 것이다.

서로에 대한 이해가 무엇보다 중요하다. '저 사람은 나와 세대가 달라서 이해할 수 없어'가 아니고, '아 저 사람은 그런 세대에 살았기에 이러한 성향을 지니고 있고, 이런 문화를 즐기는구나'라고 일단 인정하고 이해해주는 것이다. 그다음 서로의 장점을 찾아내서 높이 평가하고 융화하려는 노력을 기울여야 한다. 중장년층이나 노년층인 윗세대들은 M세대나 신세대 젊은 층의 개성과 뛰어난 IT활용능력을 칭찬해주고, 인정해주며, 가능한 부분은 그

들과 같이 즐기고 어울리면 된다. 반대로 M세대나 신세대 젊은
층은 중장년층과 노년층 세대의 강한 의지력과 절약정신, 따뜻한
휴머니즘을 배우고 존경해주어야 한다. 바로 자신들의 부모님이
나 할머니 할아버지들이다. 그분들을 존경하는 것은 당연한 일이
다. 특히 예의범절 면에서는 간혹 시대에 맞지 않는 불합리한 것
도 있지만, 배울 게 많은 것도 사실이다. 가정에서는 윗세대들이
손자손녀 자식들에게 직접 가르쳐주는 노력도 필요하다. 다만 훈
계나 명령, 지시가 아닌 자연스러운 소통문화를 활용해야 한다.

■ 세대별 특징

유신세대(55년생 이전)

조금 가부장적인 편이다. 유신세대는 현대문물을 받아들이긴 했지만 여전히 유교적이고 보수적인 성향을 지녔다. 국가와 민족 앞에 충성을 다하는 게 도리라고 생각했던 세대다. 그리고 가난에 한 맺힌 분들이 많다. 그래서 70년대부터 90년대에 이르기까지 경제성장과 호황기를 통해 재산을 늘렸고, 자식들에게는 가난을 대물림하지 않겠다는 의식이 강하다. 또 젊은 시절 팝송을 접하고 영화관을 찾았지만 여전히 한국적 문화에 길들여 있다. 이를테면 남성중심의 문화이다. 그런가 하면 절약이 미덕이고, 자신들을 위해서는 맘껏 소비하지 못한다. 사회나 직장에서는 가부장적인 의식이 몸에 배어서 다소 독선적이고, 대화중심이 아닌 행동중심의 사고가 강하다. 때문에 직장이나 사회조직에서는 新세대나 M세대에게 "너희가 뭘 알아"라고 말하곤 한다.

386세대(55~68년생)

중장년층들로 70~80년대 민주화와 청바지의 자유를 아는 사람들이다. 지금 한 가정의 가장으로 자녀들이 대학이나 중고등학교 다니는 편이다. 직장에서는 주로 부장급 이사급들이다. 2000년을 전후로 생겨난 벤처기업의 사장들이 대부분 386세대다. 흔히 7080세대라고 부르기도 한다. 대학가요제에 익숙하고 캠퍼스 낭만을 느끼면서도 독재정권에 대해 불만을 드러냈다. 민주화운동에 앞장섰고 단합이 잘되었다. 독서도 많이 했고, 지적인 문화를 추구하고, 정치나 경제 분야 참여에도 적극적이다. 그런데 386세대들은 신세대들처럼 자유롭게 표현하고 싶지만, 마음속 한구석에는 '나는 한국사람' 내지는 '그래도 윗사람인데'라는 애국심과 배려가 강하다. 기성세대의 보수적이고 독선적인 스타일을 버리려고, 가정이나 직장에서 대화를 통해 문제를 풀어가려고 하는 편이라서, 유신세대 즉 노년층과의 갈등의 골은 깊지 않다. 또 선후배관계를 중시하면서 지나치게 이기적이거나 튀는 사람들을 싫어한다. 아래 위를 동시에 이해하면서 할 말 다 못하고 사는 사람이 자신이라고 여긴다.

新세대(70~82년생)

흔히 "우린 서태지 세대, 개성, 실속주의자들"이라고 말하는 세대이다. 경제부흥기에 태어나서, 비교적 여유 있는 환경에서 성장한 이들이 대부분이다. 새로운 음악과 문화를 스스로 재창조하면서 PC통신을 접하고 인터넷도 가장 먼저 접했다. 문화적인 면에서는 천편일률적이던 문화에 다양한 개성을 입히며 새로운 생산자가 되었다. 이들은 청소년기나 청년 시절 IMF를 겪으면서 합리주의적인 소비자로 등장했다. 새로운 시도에 적극적이며 386세대의 정서에 비해 쿨(Cool)하게 문화를 즐긴다. 자신이 좋아하는 것에는 아낌없이 투자한다. 자신이 속한 조직 내에서의 인간관계는 매우 중시 여기고, 매사에 안정주의와 합리주의 입장을 취한다. 일에 대한 보상을 확실하게 해주고, 일하는 분위기만 잘 만들어주면, 훨씬 더 좋은 성과를 만들어낸다. 윗사람이 칭찬을 많이 해주고 귀여워해주면 잘 따라오는 세대다.

M세대(83년생 이후)

"난 나야"라고 외치는 인터넷, 모바일 마니아들이다. 모바일 세대로 불리는데 M세대의 가장 큰 특징은, 휴대전화로 전화를 걸고 받는 것 외에 다양한 용도로 사용하고, 나 자신(Myself)을 중시하는 이른바 '나 홀로'족이다. 자신들 세대만의 모바일 언어, 즉 386세대나 기성세대는 알아듣기 힘든 은어나 속어에 익숙해있다. 경제적으로 어려움 없이 그리고 민주주의적 사회 환경에서 자라면서, 문화적으로도 다양성을 맛보았다. 정치와 사회에 관심이 없고 직장 내에서 이들은 대화가 통하지 않아도 불편하다거나 고민하지 않는다. 남의 시선은 전혀 개의치 않으며 자기중심적이다. 이를테면 상사가 자신을 싫어하든 좋아하든 크게 개의치 않고, 양보나 이해보다는 자기편의주의적이어서 타협이 약한 것이 좀 아쉬운 점이다. 그러다 보니 노년층들과는 의사소통이 전혀 이뤄지지 않으면서 잘 부딪히게 된다.

나만의 것으로 승부해라

'모방은 창조의 어머니다'라는 말은 30~40여 년 10대 시절을 보낸 중장년층에게 아주 익숙한 용어였다. 성공을 말할 때 빼놓지 않고 등장하는 말이었기 때문이다. 언제부터인가 이 '모방'이 '벤치마킹(benchmarking)'이라는 경제용어로 대처되기 시작했다.

기업이 풍부한 경험 없이 좋은 결과물을 얻어내기란 쉽지 않은 만큼 제품을 만드는 기업들이 먼저 나온 기존의 제품을 모방하는 것은 오래전부터 지속되어온 트랜드다. 현대에 이르러서는 모방이 보편적인 정서이다. 벤치마킹은 기업이 생산성을 높이기 위해 경쟁 회사의 장점을 배워서 응용하는 전략이며 전문가들은 벤치마킹이 성공하려면 최종적으로 자기 회사의 상황에 맞게 벤치마킹에서 얻은 원리를 수정해 접목하는 것이 중요하다고 말한다.

'국가와 문화의 경계가 흐려진 요즘 들어서는 벤치마킹이 더이상 경영 분야의 전유물은 아니다. 제품 디자인이나 기업경영은 물론이고 인물에 대한 벤치마킹이 분야를 막론하고 성공을 위한 필수 과정으로 자리 잡아가고 있다. 더욱이 최근에 와서는 각 분야에서 성공한 인물들에 대한 책들이 쏟아져 나오면서 학생이든 기업인이든 자신이 꿈꾸는 성공을 위해 유명 성공인을 자신의 벤치마킹 대상으로 꼽는다. 이를테면 누군가를 인생의 '롤 모델'로 정하고 따라잡기를 감행한다.

아주 특별한 능력이 있어서 독특한 방식으로 자신만의 성공인생을 창조한다면 몰라도 먼저 성공한 누군가의 삶의 방식을 본보기 삼는다는 것은 나름대로 좋은 방법이다. 다만 단순한 벤치마킹을 할 것인가 아니면 벤치마킹을 통해 자신만의 특별한 길을 만들어낼 것인가를 생각해볼 필요가 있다.

피겨 스타 김연아는 피겨스케이팅을 하는 얼음판의 꿈나무들에게 성공 롤모델이 되고 있다. 그녀의 기술과 점프 표현력은 피겨에 필요한 모든 요소로서 완벽에 가까워 이른바 '토털패키지'라는 말로 통한다. 특히 그녀의 트리플 콤비네이션 점프는 누구도 쉽게 흉내 내지 못하는 점프로 통한다. 지금도 여전히 그녀의 피겨는 얼음판 위의 히로인으로서 세계 최고로 불린다. 앞으로 10년 후로 미리 가서 생각해보자. 동계올림픽이나 세계선수권대회에서 그녀의 기술과 점프 표현력을 그대로 빼닮아 금메달을 차지하는 포스트 김연아가 나온다면 또 그녀가 한국인이라면 더없이 반가운 일이다. 하지만 포스트 김연아가 김연아의 모든 것을 아주 잘 벤치마킹했다는 것 자체가 쉽지 않은 일이고 그것만으로도 높이 평가할 일이지만 진정한 성공은 아니라는 평가가 나올 수도 있다. 이유는 독창성, 즉 차별화된 그 무언가가 없기 때문이다. 다름 아닌 자신만의 독특한 창의적인 요소가 있어야만 차별화된 성공으로 더 높이 평가받으며 성공무대에 올라서는 시간도 더 빠를 수 있을 것이다.

벤치마킹이 그저 단순한 벤치마킹에서 끝나면 그것은 한마디로 싱거운 일이다. 롤 모델이 되는 누군가를 벤치마킹하되 자신만의 창의적인 요소를 하나 더 얹혀 놓을 때 그야말로 멋진 성공이 된다.

학생들과 젊은 여성들 중에는 긴급구호 전문가 한비야를 성공 롤 모델로 삼는 이들이 적지 않다. 오죽하면 딸 가진 엄마들 중에는 자신의 딸이 한비야처럼 살 수만 있다면 결혼하지 않아도 된다는 말을 하는 이들이 적지 않다는 얘기를 들은 적이 있다.

한비야가 많은 사람들의 롤 모델이 된 것은 1990년대만 해도 국내에는 그녀 같은 여성 오지여행가가 드물었고 또 자신의 경험을 직접 책으로 써서 호응을 얻을 만큼 문장력을 갖춘 이들도 흔치 않았기 때문이다.

게다가 결혼이나 부와 명예보다는 먼 나라의 굶고 헐벗은 아이들과 사람들을 위한 구호활동에 발 벗고 나섰다는 것이, 열정을 가지고 당당하게 자신의 역할을 찾아나선 흔치 않은 여성으로 부각시켜 한비야를 롤 모델로 삼았다. 그러므로 그녀와 비슷한 길을 걸으면서 자신의 성공을 만들어가려는 사람이 많다는 것은 박수쳐 줄 일이다. 그러나 한비야가 아닌 ○○○ 자신으로서 진정한 성공을 꿈꾼다면 한비야와는 또 다른 면모를 보여줄 수 있어야 한다.

그렇다면 이쯤에서 역발상의 벤치마킹을 생각해볼 필요가 있다. 어떤 학자는 성공사례를 벤치마킹하는 것도 좋지만 실패한 사례를 통해 성공 노하우를 찾아보는 벤치마킹도 필요하다고 말한다. 성공 사례의 벤치마킹에만 집착하는 것은 그만큼 실패에 무지하다는 반증이기 때문이다.

성공을 하더라도 자신만의 독특한 무기로 성공하고 싶다면 벤치마킹도 단순한 성공 인물 사례 벤치마킹에서 끝날 일이 아니고 한 수 더 위인 벤치마킹 전략을 세워보자. 실패한 사람들은 왜 실패했는지 그에 대한 문제점도 분석해보고 자신만의 창의력을 보태는 것이다. 성공노하우와 실패요인 두 가지를 두루 알게 되고 여기에 남다른 차별화까지 업고 갈 수 있다면, 이것이야말로 보다 안정적이면서도 주목받기 충분한 성공지름길이 아니겠는가.

정리형 인간, 일도 잘 한다

최근 이색적인 처세서나 자기계발서들이 많이 나오면서 다양한 인간형이 화두로 떠오른다. 아침형 인간, 정리형 인간, 메모형 인간 등. 이 때문인지 언젠가 라디오 방송에서 MC가 "박창수씨는 어떤 인간형입니까?"라고 물은 적이 있다. 머뭇거릴 수 없는 생방송이니 있는 사실 그대로 말해야 오히려 실수가 없을 것 같아 솔직하게 풀어놓았다.

"저는 심야형 인간입니다. 주로 밤에 활동을 많이 합니다. 방송도 지금 저녁에 하죠. 원고도 밤에 쓰죠. 그리고 가끔씩 새벽에 술도 마시죠. 여행도 밤차 타고 많이 다닙니다."라고 대답했다. 그러자 MC는 물론이고 스텝진들이 박장대소했던 기억이 난다.

오래 전부터 잘 알고 지내는 지인이 있다. 그는 정리를 아주 잘하는 정리형 인간으로 현재 모 기업 부장으로 재직 중이다. 올해 나이가 42세인 그는 학창시절부터 정리를 정말 잘하는 아주 꼼꼼하고 진지한 생활 자세를 유지해왔다. 친구들 사이에서 놀러가든 회식을 하던 정리를 잘하는 사람으로 통했다. 너무 철저하게 정리를 잘하니까 심지어 주변의 어떤 사람들은 '좀스러워 보인다', '너무 빈틈이 없이 철저해서 독해 보인다'는 말까지 할 정도였다. 물론 너무 세세한 구석까지 완벽하면 옆에 있는 사람들은 좀 질리기도 하지만 정리를 잘해서 생활도 흐트러짐 없고 자기 일을 잘한다면 직장에서는 성공을 불러오는 자기관리인 것이다.

그가 회사에 취업을 했을 때 당시는 중소기업이었고 총무과 직원으로 입사를 했다. 아무래도 회사가 작다 보니까 총무과 직원인 그는 회사업무 관계상 사장과 자주 만나고 중요한 서류는 다 챙기고 있었는데, 너무 서류를 잘 챙기고 사장의 스케줄관리를 잘 도와주니까 사장이 반했다고 한다. 회사가 커지면서 계속 진급을 했고 지금은 부장까지 올라섰다.

직장생활을 하든 자기 사업을 하든 자질구레한 일이나 다양한 서류들을 잘 정리해두면 시간도 절약하고 일처리가 한결 순조롭다. 보통 사람들은 이게 잘 안 된다. 중요한 서류를 어디 두었는지 몰라서 급하게 다시 찾느라 많은 시간을 소비하는 일이 종종 발생한다.

정리는 반드시 필요하고 중요하다. 비근한 예로 명함만 잘 관리해도 엄청난 자산이 된다. 사람을 만나서 명함을 받으면 필요한 사항을 기입하고 인맥 형성에 활용하면 좋다. 명함은 연락처의 데이터베이스일 뿐만 아니라, 인물 데이터베이스가 될 수도 있어서 이제까지 만났던 여러 사람들과의 관계를 돈독하게 형성하기 위해서는 평소에 명함을 정리해야 한다.

또 요즘 같은 실업률 높은 시대에 취업에 성공하는 사람들의 공통분모는 자기 자신을 잘 정리하는 사람들이다. 이를테면 철저한 자기분석이다. 자신의 강점과 약점, 선호하는 일과 기피하는 일, 좋아하는 것과 잘하는 것을 명확히 정리해보면 어떤 회사 어느 직종이 자신에게 가장 적합한지 알 수 있다.

누구나 정리형 인간이 되고 싶은 마음은 굴뚝같겠지만 오히려 나이가 들수록 정리를 더 안하게 된다. 성공을 위해서가 아니더라도 우리는 생활하면서 반드시 해야 하는 중요한 정리가 있다. 다음과 같은 7가지가 그것이다.

■ 반드시 필요하고 중요한 정리 7가지

명함을 잘 정리하라

일단 명함을 받으면 곧바로 자료를 적고. 날짜, 장소, 용건을 기입한다. 단, 불필요한 명함은 과감하게 버려도 좋다. 명함은 3가지를 기억하면서 분류를 하면 좋다. 앞으로 계속해서 연락을 하며 지내야 될 사람, 연락을 취할 일이 적은 사람, 그리고 향후 연락을 취할 일도 없고, 얼굴도 떠오르지 않는 사람. 마지막의 경우는 버리는 것이다.

메모를 잘 정리하라

메모는 그 자체가 데이터베이스이기 때문에 어떤 형태로든 남겨두어야 한다. 메모를 정리해서 보관하는 방법도 매우 중요하다. 주제별로 분류해서 다시 찾아볼 수 있도록 보관하면 좋다. 나만의 백과사전이 만들어진다.

책상을 정리하라

자주 사용하는 것 몇 가지는 책상 위에 놓고 그렇지 않은 것은 유형별로 서랍 속에 넣어둔다. 그리고 어떤 것들을 정리해두었는지 스티커에 적어서 붙여놓아도 좋다.

옷장을 정리하라

계절별로 정리를 한 후 다음에는 종류별로 셔츠, 바지, 속옷, 캐쥬얼 의류, 양말 이런 식으로 해놓으면 허구한 날 옷장 다 뒤집어야 하는 일은 생기지 않는다. 출근할 때 장롱 한바탕 뒤집어놓고 가는 일은 없어야 한다.

마음의 고민을 정리하라

마음의 고민 정리가 되지 않으면 늘 우울하고 일이 손에 잡히질 않는다. 빨리 털어버릴수록 좋다. 혼자서 정리하기 힘들다면 인생 선배나 멘토에게 조언을 듣는 것도 좋은 방법이다.

빚을 정리하라

빚에 시달리거나 빚을 갚기 위한 계획이 정리되지 않으면 아무리 벌어도 해결이 되지 않는다. 급한 것, 이자가 많이 나가는 것 등 우선순위대로 정리를 하는 게 필수다.

고지서와 영수증을 잘 정리해라

고지서 정리 잘 못하면 공과금이나 세금 하다못해 전화 사용료 내는 기간을 놓쳐서 연체금까지 내야 하므로 이는 정말 돈과 직결된다. 때문에 퇴근 후 문 앞에 떨어져 있는 우편물들을 대충 책상이나 식탁 위에 던져놓지 말고 그때그때 분류해서 정리해두는 것이 좋다. 그리고 요즘은 신용카드를 많이 사용하는데 영수증을 모아서 일주일에 한 번씩 얼마나 사용했고 어디에 사용했는지 정리해볼 필요가 있다. 소비생활이 알뜰해지고 실속 있는 생활이 된다.

카타르시스를 즐기자

'카타르시스'라는 용어가 있다. 우리말로는 '정화'라는 뜻이다. 올해로 4년째 부천지역의 문화센터에서 글쓰기를 강의하면서 수강생들에게 자주 하는 말이 있다.

"여러분들의 마음건강을 위해 카타르시스를 즐기세요. 방법은 단순합니다. 즐거운 일, 화나는 일, 하고 싶지만 하지 못했던 일 등을 글로 풀어내면 됩니다. 잘 쓰고 못 쓰고는 그다음 일입니다."

글을 쓰는 일이 건강에 좋다는 말에 의아해하는 사람들도 있을 것이다. 내가 정신분석학자도 아니고 의학박사도 아니지만 글쓰기가 건강에 아주 좋은 영향을 미친다는 것만큼은 자신있게 말할 수 있는 사실적인 이야기다.

미국에선 200여 년 전부터 문학치료의 하나인 글쓰기를 정신질환 치료의 보조수단으로 활용했다고 한다. 미국의 저명한 심리학자 제임스 페니베이커 박사는 글쓰기 효과를 연구했다. 일정 기간 한 집단은 일반적인 주제로, 다른 한 집단은 폭력·실연·자살 시도 등 삶에서 가장 끔찍했던 경험을 글로 쓰도록 한 후 두 집단의 건강 상태를 관찰하는 방식이었다. 그 결과, 끔찍한 경험을 글로 쓴 집단이 일반 집단에 비해 병원을 찾는 횟수가 43%가량

적었다. 마음은 물론 육체적으로도 건강해진 것이다. 이를테면 마음속에 억압된 감정의 응어리가 글쓰기 수단을 통해 외부에 표출되어 심신 건강을 도와준다는 것이다.

글쓰기는 '신체화장애'와도 밀접한 관련이 있다. 신체화장애란 억압된 심리적 에너지가 신체에 영향을 미쳐 위장장애·두통·복통 등 다양한 신체 증상을 일으키는 것이다. 스트레스가 해소되고 마음이 안정되면 신체화장애는 자연스레 치유된다고 한다. 글쓰기가 직접적으로 특정 질환을 치료하는 것은 아닐지라도 글쓰기를 통해 마음이 안정되고 신진대사가 원활해져 면역력이 향상되어 건강에 도움이 된다는 그런 논리이다.

이것이 바로 카타르시스의 효과다. 카타르시는 비극을 봄으로써 마음에 쌓여 있던 우울함, 불안감, 긴장감 따위가 해소되고 마음이 정화되는 것을 말한다. 심리적인 측면에서 보면, 마음속에 억압된 감정의 응어리를 언어나 행동을 통해 외부에 표출함으로써 정신의 안정을 찾는 일이다.

우리가 생활 속에서 가장 흔히 볼 수 있는 카타르시스의 효과는 드라마다. 사람들은 TV 드라마를 보면서 주인공을 향해 때로는 욕을 하고 나무라면서 결과적으로 자신의 가슴속에 있던 울분을 털어버린다. 또 어떤 사람들은 너무 안타까운 상황에 처한 주인공을 향해 안타까움의 눈물을 흘리기도 한다. 한참 울고 난 다음에 속이 후련하다는 분들이 많다. 바로 이런 게 카타르시스를 즐기는 일이다.

카타르시스는 요즘 들어 국내 병원 예술치유센터에서 문학치료 방법으로도 활용되고 있다. 정신질환자를 비롯해 암환자나 어린이 환자 등 심리 치유가 필요한 사람에게 문학치료를 하는 것이다. 이를테면 글쓰기를 통해 무의식 속에 있는 내면의 갈등을 꺼내는 과정에서 카타르시스가 느껴지고 정신적 치유가 된다고 한다.

사실 필자 역시 수시로 그런 사례를 당사자들과 함께 경험을 하게 된다. 50대의 어느 여성 수강생은 남편에 대한 불만을 아주 강하게 갖고 있었다. 분노의 내용을 글로 낱낱이 열거하는 사이에 자신도 모르게 마음속에 쌓여있던 남편에 대한 미움도 덜어낸 것 같다고 했다. 또 한 수강생은 40대 후반의 여성인데 이렇을 때 아버지가 안 계셔서 집안에서 가장역할을 했던 언니가 30여 년 전 결혼을 하고 아이를 출산한 후 저 세상으로 떠났다고 한다. 언니의 인생이 불쌍하고 안타까워서 늘 가슴 속에 한으로 맺혀 있었다. 그런데 글로 풀어놓고 나니까 가슴속 응어리가 풀어진 것 같은 묘한 기분을 느꼈다고 했다. 이뿐만이 아니다. 수강생 중 한 사람은 몇 년 전 다 큰아들을 잃은 후 은둔생활을 하다가 글쓰기 교실에 참여하면서 슬픔을 이겨내고 있었다. 한번은 그녀가 먼저 떠난 아들에게 편지 형식의 글을 썼고, 그 내용을 제가 수강생들에게 읽어주었더니 강의실은 눈물바다가 되었다. 다들 손수건을 꺼내서 눈물을 닦느라 정신이 없었다. 수업이 끝나고 난 후, 수강생들 중 두세 사람은 자신들도 친구나 가족의 비슷한 사연을 알고 늘 마음속으로 안타깝게 여기고 있었다고 한다. 그런데 다른 사람의 글을 통해 같은 심정을 접하고 동병상련의 마음도 느껴지고, 한편으로 울고 나니 한결 마음이 가벼워졌다고 했다.

전문작가가 아닌 이상 대부분의 사람들이 남모르는 혼자만의 상처나 남에게 드러내고 싶지 않은 치부 같은 것은 쓰지 않으려고 한다. 또 자신도 모르게 써놓고서도 그것이 겉으로 드러나는 것에 불안해한다.

예를 들면, 자신이 글을 써놓고도 '내가 왜 이런 얘기들을 썼나' 하는 거다. 적지 않은 사람들이 글을 쓸 때나 쓰고 나서 그런 갈등을 갖게 된다. 하지만 나는 맘껏 글로 풀어내라고 한다. 감정은 말로 내뱉으면 상당 부분이 의미 없이 흩어지지만 글로 표현하면 더욱 명확해져서 자신도 몰랐던 내면의 감정이 정리되는 효과를 얻게 된다. 특히 마음속에 있는 부정적 에너지가 글쓰기를 통해 밖으로 표출되면 면역력이 향상된다고 한다.

글쓰기는 뇌를 끊임없이 자극하는 일이다. 연합·조절·조정의 기능을 하는 뇌의 전두엽을 활성화시켜주는 일인 것이다. 전두엽 기능이 떨어지면 우울증을 비롯한 각종 정서장애가 나타나는데 글쓰기가 결국 이런 것들을 예방해주는 셈이다.

열정으로 잠재력을 깨워라

빈손으로 이민을 가서 미국 캘리포니아 주 어바릴시 시장이 된 강석희는 2년 전 미연방 하원 진출에 도전했다가 실패했다. 그러나 강석희 시장은 '아메리칸 드림'의 상징으로 부각되고 있는 인물이다.

강석희 시장이 한 언론사와의 인터뷰에서 한 말이 인상적이다. 그는 중학교 입학시험에 낙방했을 만큼 자신은 별다른 재능이 없는 지극히 평범한 사람이었다고 했다. 하지만 최선을 다해 노력하다 보니 자신도 몰랐던 잠재력을 발견했다고 한다. 그는 그 잠재력이 바탕이 됐기 때문에 시장으로 일하고 있다고 했다.

지인들 중 자기소개를 특이하게 하는 사람이 있다. B는 자신을 소개하는 자리에 서면 가장 먼저 이 말을 한다.

"안녕하세요. 저의 아이큐는 108입니다. 하지만 140 정도의 능력을 발휘하는 사람입니다. 왜냐고요? 저는 잠재력까지 끄집어내서 아이큐 140 되는 사람 이상의 능력을 만들어 보여주거든요."

중고등학교 시절 B는 공부나 기타 재능면에서 남다른 두각을 드러내는 학생은 아니었다. 그의 잠재력이 얼굴을 내민 것은 대학 시절이었다. 우연한 기회에 학회활동을 이끄는 회장이 된 그는 단합이 잘 안 되기로 소문나 있던 학회를 어떻게 해서라도 다른 학과들에 비해 역동적이고 잘 화합하는 학과로 만들어보고자 많은 고민을 했다. 이런 과정에서 자신의 잠재력을 스스로 끄집어 내놓기 시작했다. 리더십을 통해 학생들을 끌어들이고 학과 동료들과 함께 대학생 아이디어 공모전에 출전해 큰 상을 받으면서 학생들과 교수들로부터 인정을 받았다. 자신도 모르는 사이에 자신감이 고취된 그는 당당하게 대기업에도 취업했고 취업 후 줄곧 동기들보다 늘 한발 먼저 승진을 하며 승승장구하고 있다.

'태어날 때 한 가지 재주는 다 갖고 태어난다'는 말처럼 누구에게나 남다른 재능이 있지만 사람에 따라서 그것이 표면으로 드러나지 않는 이들이 있다. 흔히 말하기를 '나는 재주가 메주야. 뭐 하나 남보다 잘 하는 것이 없거든.' 하고 말하는 사람들이다. 그들에게도 분명히 재능은 있다. 다만 숨어 있을 뿐이다. 그 잠재력이 어떤 계기에 의해 밖으로 뛰쳐나온다면 강석희 시장이나 B처럼 스스로 평가했던 자신의 능력 그 이상을 발휘하게 된다.

뒤늦게 잠재력을 발휘하면서 새로운 전성기를 구가하는 이들도 있다. 그러나 적지 않은 사람들이 능력과 재주가 뛰어남에도 불구하고 자신의 숨어 있는 그것을 찾아내지 못해 무용지물로 방치하는 안타까운 상황에 처하곤 한다. 키워드는 눈에 보이지 않는 숨어있는 에너지인 잠재력을 누가 어떻게 깨울 것인가이다.

학창시절 좋은 스승을 만나면 자신이 갖고 있는 놀라운 잠재력을 찾게 되어 미래의 꿈을 일구는데 결정적인 동기부여가 되기도 하고 도전의 발판이 되기도 한다. 하지만 성인이 되어서는 누군가에 의해 자신에게 있는 잠재력이 발견된다는 것이 쉽지 않은 일이다. 그렇다면 잠자고 있는 숨은 자신의 능력을 끄집어낼 방법은 정말 없는 걸까?

그야말로 세상모르고 쿨쿨 잠자고 있는 나만의 잠재력을 당장 깨워서 일어나게 하는 방법은 그리 어려운 게 아니다. 의외로 쉽다. 그것은 다름 아닌 열정이란 녀석을 앞세우면 된다.

벌써 20여 년이 훨씬 지난 일이다. 대학을 졸업하던 무렵 우연히 만난 관상을 잘 보는 사람으로부터 "공인으로 일할 것 같아요. 아마 가르치는 일을 할 것 같은데요."라는 말을 들었다. 장기적으로 소설가를 꿈꾸면서 신문사에 입사하고자 하던 시기였다. 20대 시절만 해도 '교사'는 안중에도 없었기에 교직이수도 하지 않았던 터라 그저 콧방귀를 뀌면서 흘려버렸다.

그런데 이 어찌된 일인가. 취업 후 정확히 10년이 지난 어느 날 나는 신문사, 잡지사에서 취재기자로 쌓은 경력을 업고 전문학원의 전임강사 자리를 꿰차게 되었다. 그뿐만이 아니었다. 그 후로 5년간 대학 강단에서 시간 강사로 활동을 했고, 지금도 문화강좌의 강사로 활동 중이다. 그의 말이 제대로 맞아떨어진 셈이다. 지금에 와서 나 스스로의 과거와 현재를 분석하건대 정답은 원하는 일에 열정적으로 빠져들다 보니 나도 모르는 사이에 또 다른 잠재력을 발견하고 그것을 적극 써먹고 있는 게 아닌가 싶다. 나는 소속해 있던 매체의 네임밸류와는 무관하게 '취재기자'라는 직업세계에 미치도록 열정적으로 빠져들었다는 것을 자랑이 아닌 실제경험으로 자신 있게 말하곤 한다.

사람마다 열정으로 에너지를 달구는 가슴 뛰는 일은 다르다. 신제품 개발을 위해 고군분투하는 사람, 시험에 합격하기 위해 밤새워 공부하는 사람, 사랑하는 사람을 위해 발 벗고 나서서 도와주는 사람, 굶는 아이가 없는 세상을 꿈꾸면서 봉사와 나눔의 바이러스를 터뜨리는 사람 등.

가슴 뛰는 일을 한다는 것, 그래서 열정을 불사른다는 것, 그 속에는 엄청난 비밀이 담겨 있다. 바로 잠재력을 끄집어내는 계기를 스스로 만들 수 있다는 것이다. 어떤 일이든지 그것이 자신에게 희망을 불러오는 일이라고 여기고 열정적으로 뛰어들다 보면 스스로에게 놀라는 일이 발생한다. '어! 나에게 이런 능력이 있었네.'라고 스스로에게 놀라워하는 일, 다름 아닌 잠재력의 발견인 것이다. 잠재력은 비단 한두 가지에서만 그치지 않을 것이다. 스스로 찾아내기 나름이고, 이미 자신이 갖고 있는 재능과 능력을 어떻게 접목시키는가에 따라 제3의 에너지를 만들어낼 것이다.

어떤 친구를 사귀면 좋을까?

2011년 북미 박스오피스에서 엄청난 누적수입을 기록하며 대히트를 친 영화가 있다. 〈돌핀 테일〉이라는 영화는 11세 소년과 꼬리가 잘린 돌고래의 우정을 그린 작품이다.

나이가 적든 많든 사람에게는 배우자 못지않게 중요한 사람이 바로 우정의 주인공인 바로 친구다. 친구는 어떤 조건이나 목적이 없이 언제나 가장 편안하고 부담이 없는 사람이기 때문에 우리가 사는 동안 참 중요한 존재다.

나이가 들어 등 긁어주는 배우자가 있다 하더라도 같이 수다 떨고 영화도 보고 취미도 즐기고 언제든지 전화해도 통화 가능한 친구는 반드시 필요하다. 하물며 할 일도 많고 고민도 많은 20~30대 젊은 층에게 친구는 더더욱 절실하다. 오죽하면 '애인은 헤어지면 그만이지만 친구는 언제나 늘 곁에 있기에 가장 소중한 존재다'라는 말이 나오겠는가.

사실 어렸을 때나 학창시절에는 친구 사귀기가 편하고 또 빠르다. 싸움을 한 후 화해를 하면서 친구가 되기도 하고 같은 아파트에 살아서 친구가 되기도 한다. '우정'만 있으면 모두가 친구가 된다.

사회에 나오면 달라진다. 현실을 직시한 삶을 살아야 하고 한

두 살 나이가 들수록 세상을 많이 알다 보니 대화가 통하는 마음에 드는 새로운 친구를 만나는 게 그리 쉬운 일이 아니다. 40~50대가 되면 친구를 사귀기가 더더욱 힘들어진다. 저마다 살아온 인생이 다르고 사회적으로 처한 입장이 다르다 보니 성격 좋고 인상이 좋다 할지라도, 생각이 같고 인성이 갖춰진 사람이어서 매력이 끌려도 선뜻 친구가 되기는 어렵다. 그럼에도 불구하고 친구는 사귀어야 하며 많을수록 좋다. 한 살이라도 더 먹기 전에 좋은 친구를 사귀고 싶다면 '이왕이면 다홍치마'라는 말처럼 이런 친구를 한번 사귀어보면 좋지 않을까 싶다.

첫째, 유머 감각이 풍부한 친구다. 친구가 늘 부정적이며, 즐겁지 않은 괴로운 얘기만 늘어놓으면 정말 즐겁지 않다. 긍정적인 친구와 어울려야 나도 밝고 명랑한 생활을 즐길 수 있다. 특히 성격이 낙천적인 친구, 유머감각이 뛰어난 친구가 곁에 있으면 하루하루가 늘 즐거움이다.

둘째, 취미가 같거나 활동적인 친구다. 젊은 시절에는 경제활동이 중요한 몫을 차지하는 게 사실이지만, 그에 못지않게 일로부터 해방감을 안겨주고 심신을 즐겁게 풀어주는 취미 활동도 중요한 부분이다. 친구와 취미가 같으면 함께 어울릴 수 있는 시간도 많고 다양한 면에서 서로에게 도움이 된다. 설령 취미가 다르다 할지라도 다양한 취미를 가진 친구나 활동적인 친구가 있으면 좋은 영향을 많이 받게 된다. 함께 어울리다 보면 활동적인 삶을 살 수 있다.

셋째, 봉사 마인드를 지닌 친구다. 요즘 국내외를 막론하고 인생의 즐거움과 보람을 얘기할 때 늘 나눔이 화두가 되고 있다.

인생의 반은 나를 위해 살고, 나머지 반은 남을 위해서 살라는 말이 있다. 나눔과 봉사를 실천하는 친구와 어울리며 다른 사람을 위해 늘 배려하고 헌신하는 습관이 생기면 서로의 삶이 더욱 의미 있고 아름다워진다.

넷째, 건강관리를 잘하는 친구다. 남녀노소를 막론하고 사람의 행복은 두말할 것 없이 건강에 달려 있다. 평소에 규칙적인 운동과 식생활을 즐기고 과음이나 흡연을 피하면서 자기 건강을 잘 관리하는 친구와 어울려야 함께 건강한 삶을 살 수 있다.

친구 따라 강남 간다는 말이 있다. 젊은 시절에는 친구의 영향을 많이 받게 되므로, 건강한 생활방식을 지닌 친구가 곁에 있으면 많은 도움이 된다.

다섯째, 꿈을 말하는 친구다. 꿈이 있는 사람은 미래를 위한 준비를 하면서 열정적으로 움직인다. 이런 친구는 곁에서 지켜보는 것만으로도 힘이 되고 용기를 얻게 된다. 때로는 벤치마킹 대상이 될 수도 있다.

하지만 적극성이 부족해 좋은 상대가 있어도 내 사람으로 만들지 못하는 사람들이 있다. 마음은 '저 사람하고 친구하고 싶은데' 하면서도 막상 말 한마디 못하고 또 접근하지 못하는 경우다. 절대 아니 될 일이다. 일단 먼저 가까이 다가서야 한다. 그리고 말을 걸어야 한다. 대화가 오가야만 상대를 알게 되고 또 공유할 수 있는 시간을 창출할 수 있다. 특별한 말 아니더라도 편안하게 "안녕하세요. 또 만났네요. 얼굴이 밝으신데 좋은 일 있으신가 봐요." 뭐 이런 식으로라도 말을 거는 것이다.

다음은 '먼저 베풀어야 상대가 다가온다'는 진리를 실행으로 옮겨야 한다. 이를테면 차 한 잔, 밥 한 끼라도 먼저 함께 하자고 제의하고 나눌 때 가까워지게 된다. 특히 밥 같은 경우 내가 오늘 사면 다음엔 상대가 사겠다고 제의하는 게 일반적이어서 그러다보면 자연스럽게 친해진다.

상대와 친해지기 시작할 때는 장점만 보는 게 좋다. 단점 없는 사람은 없다. 그 단점을 나무라거나 흉보면 절대 친해질 수 없다. 가능한 장점만 보고 수시로 칭찬해주는 것은 매우 좋은 일이다.

먼저 다가서서 말하고, 식사도 하고, 또 칭찬도 해주고 더 지나면 직장이나 집에 초대도 하고, 그렇게 되면 정말 좋은 친구사이가 된다.

목소리를 조금만 낮추자

서울에서 지하철을 탔을 때와 일본 동경에서 지하철을 탔을 때 누구나 '다르다'라는 것을 알 수 있는 것 한 가지가 있다. 다름 아닌 대화소리다. 일본사람들은 사람이 적든 많든 필요한 대화를 나눌 때 소곤소곤 한다. 지하철 안이 너무 조용하다.

우리나라 사람들은 좀 다르다. '목소리 큰 사람이 이긴다'는 식의 사회적 분위기가 만연되어 있어서인지 때와 장소 가리지 않고 목소리가 크다. 지하철이나 버스에서 전화목소리나 대화내용이 옆 사람들이 다 알아들을 정도로 목소리가 큰 사람들을 종종 목격하게 된다. 공공장소뿐만이 아니다. 목소리가 너무 커서 가정에서는 배우자나 자녀들과 잘 부딪히게 되고, 직장에서는 부하나 동료들로부터 가까이하기엔 너무 먼 당신(?) 취급을 받는다. 그러니 목소리 때문에 관계가 무너지거나 주변사람들로부터 환영받지 못하게 된다.

천성이 목소리 큰 사람들도 있지만, 무엇보다도 목소리가 너무 크면 일방적인 사람이 되고 만다. 대부분 목소리 큰 사람들이 성격도 급하고 매사에 하는 행동도 좀 시끄러운 편이다. 때문에 보편적으로 타인에 대한 배려심이 부족하거나 무조건 자기 입장만 강조하는 사람이라는 인상을 받는다. 가정이나 직장은 물론이고 일반 대인관계에 있어서도 환영받지 못하는 것은 어쩌면 당연한 일이다.

사람과 사람의 관계는 쌍방향 커뮤니케이션이 되어야 한다. 말도 서로 주고받을 때 서로 이해하고 양보하는 의사소통이 되어야한다. 설령 윗사람이라고 할지라도 무작정 큰소리로 말하면 지시적이고 감정적인 느낌으로 몰고 갈 위험이 많다. 가정에서 할아버지나 할머니 목소리가 너무 크면 손자 손녀들이 가까이가지 않으려고 하는 것처럼 가정이나 직장에서 '왕따'가 되기 십상이다.

일방적이라는 이미지 외에도 목소리가 크면 진실이 없어 보인다. 목소리를 너무 크게 내는 사람을 '허풍쟁이' 또는 '진실이 없는 사람'으로 취급한다. 당연히 대인관계에서 마이너스 요인이 된다. 그리고 또 한 가지, 타인들에게 피해를 준다. 단적인 예로 지하철이나 버스 안에서 큰 소리로 전화 통화를 하거나 대화하는 사람은 주변사람들이 모두 싫어한다. 음식점이나 커피숍 같은 곳에서도 목소리가 크면 '저사람 뭐야' 이런 시선이 강하다. 자신은 아무렇지도 않지만 주변사람들은 큰 목소리 자체가 스트레스를 받게 하는 원인이 된다.

단점은 누구에게나 있다. 다만 자신에게 이런 단점이 있다면 가능한 보완하려는 노력이 필요하다. 우선 자신의 목소리 크기를 점검하고 천천히 말하는 습관을 길들이는 것이다. 가족이나 친한 친구에게 자신의 평소 목소리에 대해 솔직하게 답해달라고 부탁을 할 필요가 있다. 문제가 되겠다 싶으면 말을 천천히 하면서 보통의 톤으로 크기를 조절하는 습관이 필요하다.

자신의 목소리를 크게 내지 않기 위한 가장 좋은 방법은 경청이다. 내 얘기만 늘어놓지 말고 상대방의 얘기를 많이 들어주려고 노력해볼 필요가 있다. 아무래도 상대의 말을 많이 들어주다보면 나 자신이 흥분하거나 감정을 심하게 표출할 일도 없으니 목소리가 커지지 않고 진지한 톤으로 일관하게 된다.

같은 말이라도 듣기 좋은 언어를 많이 사용하는 것도 한 가지 방법이 될 수 있다. 대화 시 좋은 말을 많이 하고 칭찬해주는 말을 많이 하면 상대도 즐겁고 목소리가 커질 이유도 없다. 거친 말투, 큰 목소리, 부적합한 언어를 많이 사용하면 결국 서로 대화하다 싸움만 나고 주변 사람들로부터 '못난 사람' 취급 받는 게 아닐까 싶다.

'말 한마디에 천 냥 빚 갚는다'는 속담이 있다. 일단 내 마음의 평정 평온이 이루어지면 사람을 만났을 때나 일을 할 때 급하게 서두르거나 화내는 일이 줄어들고 목소리 크게 낼 일도 없어진다. 자연스럽게 상대에게 좋은 말과 편한 말을 하기 마련이다. 만일 목소리가 크다고 생각한다면 셀프 콘트롤을 위해 노력을 할 필요가 있다. 조용한 음악 감상이나 독서를 자주 즐기는 것이다.

■ 대화시 반드시 필요한 '손' 에티켓

말을 할 때 액션의 도구로 가장 많이 사용하는 것은 손이다. 중요한 몇 가지를 강조할 때는 손가락을 꼽아가며 말하기도 하고, 어떤 내용을 강조하고자 할 때는 한손을 앞으로 펼쳐 보이거나 또는 위로 들어올려 듣는 이들의 시선을 집중시키기도 한다. 또 말로서는 표현하기 힘든 어떤 형태를 말할 때는 두 손으로 모양을 그려가면서 설명을 하기도 한다. 이처럼 손은 일상생활에서만 아니라 말을 할 때에도 의사전달을 돕는 중요한 도구로 사용된다.

하지만 손을 사용하지 않을 경우에는 처리를 어떻게 해야 할지 난감한 것이 손이기도 하다. 강단에 서서 말하는 사람들 중에는 손을 바지 주머니에 넣는 이들이 많다. 특히 남성들에게서 쉽게 볼 수 있는데 이는 자신을 주시하고 있는 많은 청중들에 대한 예의가 아니다. 또 앉아서 말하는 경우 손을 턱에 고이고 말을 하거나 양손을 깍지를 끼고 폈다 조였다하는 동작을 반복하는 이들도 있다. 손을 턱에 고이고 있는 경우에는 말을 하는 사람이든 말을 듣는 사람이든 어느 쪽이라 할지라도 무슨 걱정거리를 말하는 것 같고 자신감이 없어 보여서 상대의 마음을 불편하게 만들며, 양손을 가만히 두지 못하고 손장난을 치는 사람은 정서가 불안해 보이거나 상대의 말을 귀담아 듣지 않는다는 인상을 주기 십상이다.

그렇다면 손을 어떻게 할 것인가?

서서 말할 때에는 가급적이면 두 손을 모아 배꼽 위에 올려 놓고 말하는 게 좋다. 한 손을 사용할 경우 다른 한 손은 바지 재봉선과 일치시켜 차려 자세처럼 아래를 향하게 하면 된다. 앉아서 말할 경우에는 액션을 취할 때 외에는 테이블 위로 올라오는 일이 없도록 무릎 위에 올려놓거나 손을 포개어 배꼽 위에 올려놓는다.

또 누군가와 일대일로 대화를 나눌 경우 상대를 향해 손가락을 펴는 일은 절대 해서는 안 될 일이다. 대화를 하다가 조금 흥분이 되면 손가락을 펴는 이들이 많다. 상대가 하는 말에 대해 자신의 생각과는 다르다는 것을 표시하거나 상대로 하여금 잘못했음을 지적하고자 할 때 손가락을 펴곤 한다. 하지만 손가락을 펴는 것은 상대를 무시하거나 아랫사람으로 내려다보고 취하는 액션이다. 때문에 사람들은 "어디에 대고 삿대질이야."라는 말을 하게 되는 것이다.

설령 상대를 지칭하는 것이 아니고 어떤 사례나 제3자의 예를 들더라도 정면에 있는 상대를 향해 손가락을 펴는 일은 금물이다.

이외에도 양손을 뒤로 하여 뒷짐을 지고 말하는 것은 실례다. 남성들의 경우 뒷짐을 지고 몸을 흐느적흐느적 하면서 말을 하는 이들이 적지 않다. 이같은 모습은 자신은 모르지만 상대가 보기에는 마치 거드름을 피우는 듯한 자세가 된다.

화해의 제스처를 보내자

우리가 살아가는 데 가장 중요한 것은 무엇일까? 적어도 경제적인 부분을 떠나서 말한다면, 화두는 사람이다. 가정과 사회 그리고 국가가 유지되는 것은 바로 사람의 역할과 관계가 있기 때문이다. 그러니 휴머니스트를 자청하면서 사람 냄새를 거론하는 사람이 아닐지라도 사람 사는 정과 사랑을 떠나서는 삶의 의미 또한 부질없어진다.

살면서 그것도 아주 가까운 사람들인 가족, 친구, 친지들과 싸우고 미워하고 그러다가 등 돌리는 일이 비일비재하다. 실제 마음은 그게 아닌데 한번 빗나가면 자꾸 더 멀어져가는 게 인간관계다. 이럴 땐 누구든지 먼저 손을 내밀어야 한다. 바로 화해다.

서운했던 감정이나 갈등은 빨리 풀수록 좋다. 시간이 흐르다 보면 "그때 내가 왜 그랬을까. 조금만 참아줄 걸." 하는 생각도 들고 마음속으로는 "이제는 화해를 해야겠는데."라는 생각도 갖게 된다. 문제는 먼저 화해의 제스처를 보내지 못하는 것이다. 여기에는 우리나라 사람들의 문화적 특성이 영향을 미친다.

서양인들이나 가까운 일본인들에 비해 우리나라 사람들은 성격이 다소 완고한데다 자존심도 강한편이다. 좀 밝게 또는 부드럽게 행동하면 가벼워 보인다거나 줏대도 없다는 시선으로 바라보는 이들이 많다. 이를테면 지나친 '체면과 품위숭상의 문화'가 아직도 짙은 편이라서 먼저 다가서서 손잡고 화해하고 등 두들겨주면서 감싸주는 그런 문화가 약한 편이다. 게다가 마음은 있으나 표현력이 부족해서 다가서지 못하는 이들도 많다.

가까운 사람들끼리 한번 다투거나 서운한 감정을 느끼면 의외로 풀기가 더 힘들다. 부부 간, 친구 간, 부모 자식 간 말 한마디나 사소한 일로 인해 서로 상처를 주고 상처를 받는 일이 발생한다. 하지만 친구 같은 경우 마음만 먹으면 화해하기 가장 쉬운 상대이며 부부 사이 역시 '부부싸움은 칼로 물 베기'라는 말처럼 아주 극단적인 갈등이나 상처가 아닌 이상 적당한 시간이 지나가면 풀어지기 마련이다. 의외로 부모 자식 간의 화해가 쉽지 않은 편이다. '천륜'이라는 특별한 인연임에도 불구하고 이런 저런 이유로 골 깊은 상처를 서로 안고 사는 사람들이 적지 않다.

시대가 달라지면서 세대 차이에서 오는 의식의 격차도 크게 벌어졌지만 마땅한 소통의 방법을 찾지 못하다보니 결코 쉽지 않은 문제로 남아 있다.

자식들이 먼저 부모에게 용서를 구하는 게 도리이지만 부모님들한테 한번 호되게 혼이 나거나 어떤 일로 불편해지면, 아랫사람이라서 그런지 다들 죄책감이나 미안함을 갖고 있으면서도 살갑게 다가서지 못하는 경우가 많다. 더욱이 학생이거나 성장 중에 있는 아직 세상 경험이 부족한 20~30대로서는 부모의 깊은 뜻을 헤아리지 못할 수도 있다.

언젠가 인터넷에서 아주 감동적인 사연을 접한 적이 있다. 딸과 아버지의 이야기다.

아버지의 성격이 워낙 무뚝뚝하고 자식들에게 다정다감하지 못해서 늘 엄마가 그 중간에서 역할을 했다. 그런데 어머니가 돌아가시고 나니 딸로서는 참 막막했다고 한다. '그래도 내 아버지인데', '잘 해드려야 하는데' 하면서도 다가서는 방법을 찾지 못했다. 그도 그럴 것이 성장하고 결혼해서 자식을 낳고 살지만 워낙 아버지가 화만 나면 완고해서 대화가 통하지 않는 가부장적인 사람이라는 생각이 머릿속에 박혀있는 만큼 다가서기가 쉽지 않았던 것이다. 그러던 어느 날 집에 소포가 왔는데 열어보니 아버지가 과일과 야채들을 이것저것 챙겨서 박스로 보내온 것이다. 그리고 그 다음날 아침 딸에게 전화가 걸려왔다. 아버지였다. 다른 말은 아예 하지 않고 단 한 마디뿐이었다.

"소포 받았냐?"

엄청나게 큰 이벤트가 아닌데도 순간 딸은 감동했다고 한다. 아버지의 숨은 정을 알게 된 것이다. 그제야 딸은 이제 아버지에게 편안하게 다가설 수 있겠다고 고백을 했다.

그 누군가의 이야기이지만 한국의 디바로 불리는 인순이의 노래 중 〈아버지〉가 있다. '서로 사랑을 하고 서로 미워도 하고 누구보다 아껴주던 그대가 보고 싶다. 가까이에 있어도 다가서지 못했던 그래 내가 미워했었다'라는 가사가 마치 내 얘기처럼 떠오르는 것은 아마도 대부분의 사람들에게 똑같은 심정이 아닐까 싶다.

유대인의 격언 중에 다음과 같은 말이 있다.

'서로 잘못했다고 인정하지 않는 한 화해는 성립되지 않는다'

문제가 생기면 양자에게 다 잘못이 있다. 속담에 '손바닥도 부딪쳐야 소리가 난다'는 말이 있다. 정도의 크기가 있을 뿐이지 잘못은 모두에게 있는 것이다. 일단 '내 탓이다', '나도 잘못이다' 이렇게 인정하는 마음을 가시면 좋을 것 같다.

게다가 흔한 말로 '평생 안 볼 거면 몰라도 죽을 죄 지은 거 아니면 덮고 넘어가라'는 말도 있다. 마음 편하고 즐겁게 살기를 원한다면 설령 자신에게 큰 잘못을 저지른 상대일지라도 용서하고 넘어가야 한다. 누군가를 증오하고 미워하는 마음이 있는 한 정신건강에 좋을 리가 없다. 그래서 마음을 비우면 인생이 즐겁다는 말이 나오는 게 아닐까?

호기심을 가져라

청소기를 만드는 영국 다이슨사의 창립자이자 현재 회장인 '다이슨'은 그야말로 입지전적인 인물이다. 다이슨은 본래 영국 왕립예술대학 출신의 디자이너였다. 젊은 시절 각종 디자인상을 휩쓸면서 능력 있는 디자이너로서 자리를 굳혀나갔다. 그가 30대 중반이던 어느 날 집에서 청소를 하다가 인생의 전환점을 맞이한다. 당시만 해도 진공청소기는 먼지봉투로 먼지를 빨아들인 뒤, 봉투째 버리는 방식이었는데 호기심이 많았던 다이슨은 청소기가 자꾸 막히고 흡입력이 점점 떨어지는 이유가 뭔지 호기심을 갖고 집중했다. 그 결과 먼지봉투가 막혀 있기 때문이라는 것을 알아냈다. 이때부터 다이슨의 먼지봉투가 필요 없는 청소기 개발이 시작되었다. 하지만 우연한 기회에 시작된 도전은 결코 쉽지 않았다. 자그마치 15년간 40대 후반까지 개발을 지속해야 했다. 이 과정에서 무려 5216번이나 실패를 하고 나서 5217번째 신제품에서 성공했다. 다이슨 청소기는 이미 2008년 영국과 미국 등 선진국 시장에서 판매 1위를 차지하며 매출 1조 4천억 원을 넘어섰다. 더 놀라운 것은 다이슨은 지금 66세인데도 호기심이 끝이 없다는 것이다. 불과 몇 년 전 다이슨은 자신의 아이디어로 날개 없는 선풍기를 발명해서 제품화시켰고 또 성공했다.

요즘 어린 자녀들을 키우는 부모들은 자녀들이 호기심이 많으면 매우 긍정적이고 희망적인 기대를 갖는다. 예전엔 자녀들이 호기심이 많아서 이것저것 자꾸 물어보고 엉뚱한 행동을 하면 '저 아이가 커서 뭐가 되려고 저래?' 하면서 걱정을 했다. 실제로 나의 경우도 유년시절 어머니가 '너는 몰라도 되는 것까지 너무 알려고 한다'고 귀찮아하셨을 정도로 질문을 많이 했다.

요즘 부모들은 다르다. 자신의 아이가 호기심이 많다는 것을 오히려 자랑한다. 호기심 많은 아이들이 창의력이 강하고 자신이 좋아하는 것에 깊이 빠져들어 훗날 전문가로 성장할 수 있다고 믿기 때문입니다.

호기심은 성장하는 아이들에게만 좋은 것일까? 호기심은 노년기에도 많으면 많을수록 좋다고 할 만큼 모든 사람들에게 삶의 윤활유가 되고 생활 속 아이디어로 재발견된다. 성인이 되어서도 어렸을 때처럼 모든 것에 호기심을 갖고 즐겁게 접하면 긍정적인 사고와 낙천적인 마인드가 커진다.

사회인이 되고 나이가 들수록 보편적인 것, 적당히 좀 틀에 박힌 것에 길들여지는 게 사실이다. 어렸을 때 가졌던 신선한 호기심과는 거리가 멀어지게 된다.

호기심은 일단 관심과 집중이기 때문에 뇌와 연관이 많아서 무엇보다도 뇌를 젊게 해준다. 호기심과 탐구심은 뇌를 젊고 건강하게 만들어주는 특효약이다. 80대에도 새로운 단어를 기억하고 자주 사용하는 사람의 뇌는, 다른 사람들에 비해 우선 뇌에 입력

되는 정보의 양이 다르다고 한다. 같은 상황에서 정보를 더 많이 받아들이기 때문에 출력하는 정보량도 더 많은 것이다. 뇌가 젊어지고 입력 출력 정보량이 많으면 곧 뇌가 아주 건강하다는 얘기가 된다.

호기심이 많은 사람일수록 사고가 자유로워져서 매사에 긍정적인 편이다. 가끔 주변에 '참 특이하고 재미있다', '엉뚱한 구석이 있는데, 재미있는 사람이다' 이런 말을 듣는 사람들이 있다. 그들의 공통점은 남의 눈을 신경 쓰지 않는다는 것이다. 주변의 의식 속에 갇혀 사는 것이 아니라, 자기만의 자유를 즐길 줄 알기 때문에 사고가 아주 자유롭다. 누군가 다른 행동이나 어떤 말을 해도, 싸우거나 부딪히질 않고 웃으면서 잘 넘어간다. 사고의 자유가 매사를 긍정적으로 만들어주는 것이다.

젊은 층일수록 호기심이 더욱 요구되는데 여기에는 그럴만한 또 다른 이유가 있다. 다름 아닌 아이디어가 풍부하여 성공확률이 높아진다는 것이다. 발명왕 에디슨을 보더라도 그렇다. 그는 어렸을 적에는 공부도 못하는 말썽꾸러기였고 호기심이 너무 많아서 공부는 뒷전인데다 예측불허의 행동을 많이 했다. 하지만 그의 호기심은 아주 기발한 아이디어로 이어지고 인류의 역사를 발전시키게 된다.

비단 다이슨이나 에디슨만이 아니다. 성공한 사람들을 보면 누구도 예상 못한 아이디어를 가진 사람들이다. 호기심은 남녀노소를 막론하고 두려움을 없애고 자꾸 도전하게 만드는 특징이 있어서, 누구도 예상치 못한 아이디어를 생각해내게 한다.

호기심의 파급효과는 여기서 끝나지 않는다. 우리의 신체 건강으로도 이어진다. 호기심이 별난 사람들은 대다수가 항상 즐겁다. 어떤 상황이나 사물을 보더라도, 호기심 때문에 관심을 갖고, 자기만의 상상의 나래를 펼친다. 그러다 보니 스스로 즐거움을 찾게 되고 마음이 즐거우니 스트레스도 덜 받는다. 건강은 자연스럽게 뒤따라올 수밖에 없다.

'날마다 그 날이 그 날인데 이 나이에 무슨 호기심이 필요할까'라고 생각을 하는 사람들도 있다. 그렇다면 이 책을 읽는 순간부터 호기심을 가져 보길 바란다.

■ 호기심을 키우고 유지하는 몇 가지 방법

하나, 새로운 장소를 찾아 나서라

새로운 곳에 가면 새로운 것들을 보게 된다. 자연이나 사물들을 많이 보고 느끼면서 하나하나에 관심을 갖게 된다.

둘, 처음 만난 사람에게 관심을 갖자

호기심이 많은 사람들은 여럿이 함께 있을 때 새로운 사람이 등장하면 매우 적극적으로 반기고 궁금한 것을 물어보는 그런 특징이 강하다. 사람과 사람의 만남은 서로에게 관심을 가질 때 그 관계도 이어지게 된다.

셋, 식물을 키워보자

화원에 가보면 정말 보지 못했던 식물들도 많다. 이런 식물들을 집에서 키우다 보면 놀라움을 느낄 때가 한두 번이 아니다. 또 우리가 흔히 먹는 야채를 키워보면 날마다 조금씩 성장하는 것을 바라보는 것만으로도 호기심이 더해지고 경이롭다.

넷, 사회현상에 귀를 열어 놓아라

세상은 자고 일어나면 변한다. 우리 주변의 모든 것들도 조금씩 변하고 새로운 일들이 많이 벌어진다. 이를테면 뉴스에 '카카오톡이 새로워졌습니다'라는 말이 나왔다면 여기에 궁금증을 갖고 인터넷에서 카카오톡에 대해 알아보는 거다. 새로운 것에 관심을 가지면, 정말 새로운 세상과 만나게 된다.

배려의 힘을 키워라

가끔씩 지하철을 타면 인상적인 글귀들이 눈에 들어온다. 가슴 따뜻해지는 미담들이다. 그 중에서도 수개월이 흘렀는데도 수시로 기억 속에 떠오르는 한편의 글이 있다. 지하철을 이용하면서 경험한 소중한 이야기 공모에서 당선된 작품으로 내용은 대충 이러했다.

어느 직장 여성이 임신 중 출근시간에 지하철 안에서 자신도 모르게 정신을 잃고 주저앉았다. 그때 한 할머니가 다가와서 등을 손으로 한참동안 쓸어내려주면서 손을 만져주었다. 그 덕에 여성은 정신을 차리고 기운을 내게 되었다. 그때 뱃속에 있던 아기가 어느새 중학생이 되어 잘 크고 있다고 했다. 그 당시에는 할머니께 감사하다는 말도 못했지만 너무 감사해서 잊히지 않는다는 것이다.

민심이 적잖게 흉흉해지고 개인주의로 치닫는 요즘은 누가 위험하거나 힘든 상황에 처했을 때 마냥 손 놓고 구경하는 경우도 많다. 할머니의 그런 배려 덕분에, 그 임산부는 건강한 아이를 출산하게 됐고, 또 그 아이가 꿈나무로 자랄 수 있다는 지하철 이용객의 감동스토리가 얼마나 아름다운 일인가. 어찌 된 일인지 이런 작으면서도 따뜻한 얘기들은, 각종 사건·사고 소식에 밀려 매스컴에 보도되지 않는 경우가 많다. 아쉬움이 남는 일이다.

누군가 이런 말을 했다. 우리 사회가 이렇게 건강하게 움직이는 것은 착한 사람들이 많이 있기 때문이란다. 충분히 공감을 하게 되는 말이다. 아쉬운 것은 생활 속에서 배려의 마인드가 갈수록 줄어드는 것 같은 느낌이 든다는 것이다. 너 나 할 것 없이 눈앞의 현실에서 내가 얻고 잃을 것에 대한 실익만 계산하다 보니 나 아닌 다른 이들에 대한 배려는 갈수록 작아만 지는 것이다.

따지고 보면 '배려'라는 게 무슨 거창하고 큰 일이 아닌데도, 각박한 현실에 휘둘리고 마음에 여유가 없어지면, 자신도 모르게 배려와는 담 쌓고 살게 된다. 적지 않은 선인들이 책을 통해 '배려의 힘'을 자주 역설했다. 따뜻한 배려와 사랑만이 세상을 아름답게 바꾸고 더 좋은 세상으로 변화시키는 참된 힘이라고 했다.

한 경제연구소에서 2013년 우리나라 기업들의 6대 경영이슈와 대응방안을 발표했는데 대부분의 내용은 경영과 직관된 내용들인데 반해 눈에 띄는 특별한 한 가지가 있었다. 다름 아닌 '마음 관리'였다. 경기가 위축된 상황에서는 직원들의 불안감과 업무 스트레스가 커지는데 이를 그냥 내버려두면 기업의 조직 관리는 물론이고 성장에 걸림돌이 된다는 것이다. 그래서 이런 상황에 대응하려면 임직원을 위하는 따뜻한 배려가 매우 중요하다는 것이다. 기업경영도 사람이 핵심인 만큼 임직원들에게 마음을 치유하는 '힐링'을 주제로 서로 소통하게 하고, 또 동기부여를 통해 열정을 높여줘야 조직도 구성원도 마음이 즐겁고 편해져서 기업경

쟁력도 살아난다는 얘기다. 경제적인 논리를 중시하는 기업에서도 이처럼 배려의 힘을 강조하는데, 하물며 가정이나 사람이 중심이 되어 움직이는 조직이나 단체에서는 더더욱 중요하고 절실한 게 배려다.

배려란 연습을 하거나 공부를 해야 하는 게 아니다. 그것은 일상생활 중 마음에서 우러나와 자연스럽게 실천하면 되는 것이다. '배려'라고 해서 특별한 것이 아니다. 가족이나 주변 사람들, 또 모르는 사람일지라도 상대를 보살펴주거나 도와주려고 마음을 쓰는 것, 그게 배려다. 길을 가다가 누가 넘어지면 손 내밀어서 일으켜 세워주고 공중 화장실에 갔을 때 뒷사람 중 누군가 좀 더 급한 상황인 것 같으면 먼저 들어가게 해주는 것 이것이 배려다.

가정에서는 밤늦게 퇴근하고 돌아와 많이 피곤해 보이는 남편이나 아내에게, 또 스트레스가 쌓인 것처럼 보이는 학교에서 돌아온 아들이나 딸에게 "따뜻한 차 한 잔 만들어줄까?", "과일 먹을래."라고 먼저 말하는 것이 배려의 실천이다. 회사에서 후배나 동료가 일 때문에 너무 정신이 없을 때 "내가 뭐 도울 일 있으면 언제든지 말해."라고 한마디 건네는 것도 마찬가지다. 특히 직장에서 너무 바빠서 점심시간에도 혼자 사무실에 남아 일하는 동료에게 도시락이나 먹을 것을 사다준다거나 은행가는 일을 대신 해준다면 그것이 배려다.

터키 이스탄불 여행 중 배낭을 메고 버스를 탔는데 나보다도 나이가 더 많이 들어 보이는 한 여성이 자리를 양보해주는 게 아닌가. 괜찮다고 하는데도 극구 앉으라고 자리를 내어주었다. 외국인이고 여행객이다 보니 배려를 해준 것인데 그 차 안에서 또 다른 사람들의 배려에 감동을 받았다. 초행길인데다 정류장 이름이나 안내방송이 터키 언어로만 나오니, 어디가 어디인지 혼돈스러웠다. 운전기사한테 물어 봤더니 영어를 알아듣지 못했다. 그때 차 안에 서 있던 한 여성이 다가와서 세 정거장만 더 가서 내리면 된다고 말해주었다. 고맙다고 인사를 하고 정류장을 세어가면서 가다가 드디어 내려야 하는 곳까지 갔는데 제대로 내리는 것인지 불안했다. 그때 옆에 있던 남자가 또 얘기를 해주는 거였다.

배려의 마인드는 남녀노소 누구에게나 있어야 하는 좋은 생각이자 실천이다. 요즘은 정보화시대인 만큼 인터넷 뉴스를 읽고 댓글을 달거나 글로 자신의 생각을 밝히는 네티즌들이 많아졌다. 눈에 띄는 한 가지가 다름 아닌 다른 사람의 생각이나 의견에 대한 배려가 너무 부족한 것이다. 예의를 갖춰서 솔직하게 글을 올리는 것은 좋은데 자기 입장만 100% 옳은 얘기이고 다른 사람들의 생각이나 의견은 한마디로 잘못되었다고 하거나, 욕설 같은 글들로 공격을 하는 사람들이다.

인터넷상에서 화가 나거나 이해가 안 되는 경우가 있다고 할지라도, 얼굴 없이 쓰는 글이라고 해서 타인에 대한 배려를 하지 않는 글을 쓴다거나 거친 말은 피해야 한다.

배려가 중요한 또 다른 이유가 있다. 타인에게 먼저 배려의 힘을 발휘하면 그 힘은 다시 또 부메랑이 되어 자신에게로 돌아온다는 것이다. 배려는 그것을 보고 듣는 많은 이들에게 본보기가 되고 모범이 되기 때문에 배려문화가 확산될 때 그 사회가 선진 사회가 되면서 따뜻한 세상이 된다.

진정한 웰빙을 마시자

현대인들은 너 나 할 것 없이 웰빙을 추구한다. 건강하게 장수하는 것이 모든 이들의 공통된 소망인 것이다. 아무래도 웰빙하면, 먹을거리와 연관이 많은 편이다. 그러다 보니 요즘 마트에 가면 '웰빙'이라는 글자가 안 들어가는 제품이 없을 정도로 웰빙 천지다.

웰빙은 단순히 좋은 것을 먹으면 되는 것일까? 언제부터인가 지인들을 만날 때마다 진정한 웰빙은 내 손으로 직접 만들어서 즐겁게 먹고 마시는 것이라고 강조하는 웰빙전도사가 되었다. 특히 나는 '부지런함을 먹어야 그게 진정한 웰빙이다'라고 말한다. 마치 무슨 음료회사 광고 문안처럼 들릴 수도 있으나 알고 보면 간단하다. 같은 음식을 먹더라도 조금만 부지런을 떨면 건강에 훨씬 효과적인 식생활을 즐길 수 있다는 얘기다.

현대인에게 가장 좋은 웰빙은 주말농장을 하거나 귀농을 통해, 내 손으로 야채나 과일을 직접 키우고 가꾸어 먹으면 그것이야말로 더할 나위없이 좋은 일이다. 자신이 먹을 먹거리인 만큼 무공해와 유기농에 대한 관심을 가질 것이 뻔하다. 하지만 이는 선택받은 이들에게만 주어지는 웰빙이다. 도시인들에게는 쉽지 않은 일이다. 방법은 한 가지다.

평소 조금만 부지런하게 자연과 접할 수 있는 기회를 자주 만들어서 그 자연을 내 손으로 다시 잘 만들어서 먹는 것이다.

웰빙에는 여러 가지 방법이 있지만 평소 채식주의자임을 강조하는 내가 도시인들에게 권유하고 싶은 웰빙 노하우는 크게 두 가지다.

하나는 과일이나 야채의 경우 가공식품을 즐기지 말고 재료를 직접 구입하여 신선함 그 자체를 갈아서 마시는 것이다. 이를테면 토마토, 당근, 미나리 이런 야채들을 직접 믹서에 갈아서 즙으로 만들어 마시면 먹기도 편하고 소화도 잘되고 영양도 만점이다. 조금만 손을 움직이면 되는데 이게 귀찮아서 주스를 사먹는 사람들이 많다. 설령 직접 키운 야채가 아니더라도 신선한 야채를 사서 잘 씻은 후에 곧장 갈아서 마시면, 대량으로 가공해서 판매하는 주스들보다는 훨씬 경제적이기도 하고 건강에 좋다.

야채 중에서도 내가 입버릇처럼 권하는 것은 다름 아닌 돌미나리다. 돌미나리는 물이 고인 논에서 자란 미나리가 아니고 밭이나 언덕에서 자란 미나리다. "어디 가서 그런 미나리를 구해?"라는 말이 나오겠지만 그리 어려운 일이 아니다. 마트에서는 쉽게 구할 수 없지만 요즘은 사계절 내내 지방에서 웰빙 야채를 기르거나 채취해서 판매하는 업체들이 많아 인터넷이나 전화주문 방식으로 구입할 수 있다. 또 부지런한 사람이라면 3월에서 5월 사이의 봄시즌을 잘 이용하면 된다. 버스나 전철을 타고 교외로 조금만 나가서 하천 변이나 들녘으로 가면, 우리 건강에 아주 좋다는 쑥, 망초, 돌미나리 같은 봄나물을 채취할 수 있다.

다른 한 가지는 다름 아닌 직접 만든 차를 즐겨 마시는 것이다. 흔히 '차' 하면 녹차나 전통차를 생각하게 되는데 내가 추천하는 차는 구하기가 쉬워서 직접 재료를 만들어 두었다가 즐기는 차로 감잎차, 솔잎차, 국화차, 망초차 이런 것들이다.

향이 좋은 솔잎에는 몸에 좋은 성분이 한두 가지가 아니다. 솔잎에는 특히 당질이 많이 들어 있고, 단백질, 지방질, 칼슘, 인, 철분, 비타민 A, C 등도 들어 있다. 이시진의 『본초강목』에 따르면 "솔잎을 생식하면 종양이 없어지고 모발이 돋아나며 오장을 편안하게 해서 오랫동안 먹으면 불로장수 한다."고 적혀 있다. 이 외에도 위장병, 고혈압, 중풍, 신경통, 불면증, 빈혈, 천식 등에 효과가 있고, 각종 유기산이 풍부해서 냉대하증 같은 부인병에 좋다. 특히 솔잎에는 산소와 무기질이 풍부해서 등산할 때 피로가 올 경우 솔잎을 따서 생식하면 피로가 빨리 회복된다. 이 때문에 최근에는 미용식과 건강식으로 널리 이용되고 있다.

감잎에는 비타민 C가 200mg 정도로 많이 들어 있어서 귤보다 2~3배나 많다. 감잎차의 비타민 C는 열에 잘 견디는 성질이 있어서 비교적 안전하게 물에 우러나와 효과가 높다. 또 이뇨효과를 비롯해서, 혈압을 안정시켜 신장병이나 심장병에 탁월한 효능이 있다. 비타민 A의 효과를 나타내는 카로틴이 많고, 질병에 대한 저항성 향상, 성인병 예방에 탁월한 효능, 숙취 예방과 숙취 해소 효과, 지혈효과, 설사와 배탈을 멎게 하는 효과, 노화방지효과, 피부미용효과, 감기예방, 뇌세포 건강에도 좋다. 또 감잎에 들어있는 타닌성분은 부종에 의한 부기를 빼주고 납·비소·수은 등 독성 물질을 해독시켜준다.

국화차는 오랫동안 복용하면 혈기에 좋고 몸을 가볍게 하고, 늙지 않게 한다고 한다. 또 위장을 편안케 하고 오장의 기능을 돕고, 감기, 두통, 현기증에도 아주 효과적이다. 어떤 이들은 국화꽃 말린 것을 베갯속으로 하면 두통에 좋다고 하고, 이불솜에 넣어 그윽한 향기를 즐기는 사람들도 많다.

■ 손쉽게 차를 만드는 법

솔잎차 - 솔잎차를 만드는 방법은 5~6월에 어린 솔잎을 따서 솔잎을 솥에 넣고 약한 불로 볶은 다음, 1cm 내외로 잘라 건조시켜서, 뜨거운 물을 부어 마시거나 물에 넣고 약간 끓여 마시면 더욱 좋다. 솔잎 발효액을 만들어 차가운 냉차로 마시는 것도 아주 좋다. 이 역시 5~6월에 채취한 솔잎을 이용하는데 항아리에 설탕과 생수를 넣고 잘 저어 설탕을 녹인 다음 솔잎을 넣고 한지로 봉해 두었다가, 15~20일 뒤에 발효가 끝나면 솔잎을 걸러 내고 병에 넣어서 냉장고 등에 보관해놓고 공복에 소주잔으로 한잔 정도를 마시거나 생수를 타서 마시면 아주 좋은 냉차가 된다.

감잎차 - 감잎은 6~8월의 맑은 날 오전 11시에서 오후 1시 사이에 태양광선이 가장 강할 때 채취해서 그늘에 2~3일 말린다. 살짝 말랐을 때 세로로 3~5mm 두께로 썰어 이것을 찜통에 찐다. 찜통에 물이 끓을 때 감잎을 넣어 1분 30초간 쪄서 완전히 식혔다가 다시 한 번 1분 30초간 찐다. 두 번 찐 감잎을 그늘에 완전히 말려서, 창호지나 은박지로 싼 다음 다시 한 번 비닐로 싸서 보관하면 된다. 단 감잎차는 60~70℃ 정도의 물 1ℓ에 감잎 10g 정도를 넣고 15분 정도 우려먹는 게 좋다.

국화차 - 집에서도 만들기가 아주 쉽다. 꽃을 따서 햇살 아래서 잘 말려서 공기가 잘 통하는 망사로 된 주머니에 넣어 두었다가 따뜻한 물을 부어 마시면 된다. 또 다른 방법은 마른 국화를 깨끗이 손질해서 꿀과 고루 섞어서 재운 후, 용기에 넣고 밀봉해서 습기 없는 곳에 3~4주 보관해 두었다가 찻잔에 넣고 끓는 물을 부어 우려 마시면 된다.

웹서핑을 즐기자

3년 전 미국 로스앤젤레스 캘리포니아 대학(UCLA) 연구진이 신경질환이 없는 성인 55~78세 중·노년층 24명을 대상으로, 인터넷 검색과 두뇌 능력 간의 상관관계를 조사했다. 실험 대상자들이 인터넷 검색을 하는 동안 기능성자기공명영상(fMRI)을 통해 두뇌 내부를 스캔 촬영한 것이다. 그리고 2주간 하루 1시간씩 인터넷 검색을 시킨 뒤 똑같은 방법으로 두뇌 활동을 촬영했다고 한다. 실험 대상자들은 언어, 독서, 기억, 시각능력을 관장하는 부위에서 두뇌 활동을 보여줬고, 2주일 뒤 다시 촬영한 결과에서는 같은 두뇌 부위뿐만 아니라 기억과 결정에 중요한 것으로 알려진 두뇌 전두엽 부위까지 활성화되는 것으로 관측됐다. 이미 잘 알려진 사실이지만 역시 두뇌는 '쓰지 않으면 쇠퇴한다'는 원칙이 재확인된 셈이다.

요즘시대를 흔히 정보화시대라고 말한다. 워낙 세상이 빠르게 변화하고, 또 다양한 것들을 보고 접하고 알아야 하는 그런 세상이다 보니, 정보가 갖는 힘 또한 중요하지 않나 싶다. 워낙 정보의 흐름이 빠르고 양이 많다 보니 '정보 홍수시대'라는 말이 나오기도 한다. 현시대에 살고 있는 사람이라면 정보를 무시하고 살

수는 없다. '아는 게 힘이다'라는 말처럼, 모르면 오히려 손해를 보거나 뒤처지는 일이 발생한다. 정보에 빠르고 강하면 다양한 장점이 있다.

무엇보다도 성인의 경우 인터넷을 통해 이것저것 검색하면서 웹서핑을 하면 뇌가 젊어진다. 인터넷에서 정보만 검색해도 판단력을 관장하는 두뇌 활동이 활발해지는데 이는 사람들이 인터넷을 하는 동안 많은 판단을 하기 때문이다. 이뿐만이 아니다. 익히 잘 알려진 사실이지만 생활이 편리해지고 만나는 사람들과의 소통이 잘 이루어지며 새로운 의욕과 희망이 생긴다. 한가하거나 심심하지 않다. 정보를 다양하게 접하게 되면, 새로운 활동에 임하거나 외부활농이 늘어나게 된다. 이쯤 되면 젊은 층 중에는 한마디 던지는 이들이 있을 것이다.

"요즘 하루에 한두 번 인터넷 안 들어가는 사람들이 있나요?"

맞는 얘기다. 핸드폰으로 인터넷 서핑이 얼마든지 가능한 세상인데다 M세대들의 컴퓨터와 인터넷 활용도는 가히 상상을 초월한 정도로 다양하고 신속하게 활용하는 게 사실이다. 하지만 나는 누군가에게 욕을 먹더라도 던지고 싶은 말이 있다.

"당신이 좋아하는 분야의 편식적인 웹서핑이나 게임이 당신의 컴퓨터와 인터넷 활용의 상당부분을 차지하고 있지는 않은가? 연예인과 영화에 대한 뉴스나 야동 엿보기에 적잖은 시간을 보내고 있지는 않은가?"

신용카드가 처음 등장할 당시 매스컴에서는 '잘 활용하면 돈이 굴러오고 잘못 활용하면 패가망신 지름길이다'라고 했다. 20여 년 전이나 지금이나 이 같은 조언은 달라지지 않는다. 인터넷이 바로 그렇다. 얼마나 잘 활용하느냐에 따라서 자신에게 유익한 정보 창고가 되고 업무를 도와주는 아주 훌륭한 비서가 된다.

단 웹서핑을 통해 정보수집을 많이 했다고 해서 그것이 전부가 아니다. 수집한 정보를 제대로 관리하지 못하면 오히려 관련 자료를 찾지 못해 헤매거나 잘못된 정보로 인한 문제발생으로 이어진다. 정보를 습득하고 이를 제대로 활용하려면 나름대로 정보관리가 중요하다.

지금 당장 필요로 하는 업무 관련 자료는 물론이고 향후 활용할 다른 정보일지라도 자신이 사용하는 컴퓨터를 체계적으로 관리해야 한다. 가장 좋은 방법은 분야별, 유형별 폴더를 만들고 폴더 내에 다시 월별, 일별, 기간별 폴더를 만들어 분류하여 보관하되 해가 지나거나 양이 많을 경우에는 CD로 만들어 놓으면 장기보관이 용이하다. 하지만 실제업무와 지속적인 연관성이 있는 자료들은 바탕화면에 폴더를 만들어 수시로 활용할 수 있도록 해야 한다. 직장인들의 경우 업무와 관련이 없는 개인적인 자료들이라면 웹하드 같은 자료창고를 만들어 타인에게 노출되지 않도록 정보를 보호하는 것이 좋다. 단 시간이 흐르면 자료로서 가치가 없는 것들도 있어 월별, 분기별 또는 연간단위로 필요 없는 자료는 삭제할 필요가 있다.

메모나 아이디어는 사전준비나 예고없이 이루어지므로 순간적으로 수첩이나 메모장에 기록하기 마련이다. 하지만 아무리 아이디어와 각종 메모를 많이 하고 잘해두어도 자료로서 관리되지 않으면 쓸모없는 일이다. 아이디어와 메모는 그 자체가 데이터베이스이기 때문에 어떤 형태로든 남겨두어야 한다. 주간 또는 월 단

위로 메모장이나 수첩에 기록한 메모나 아이디어를 컴퓨터 워드 작업을 통해 주제별로 분류해서 다시 찾아볼 수 있도록 보관하면 좋다. 자료가 쌓이면 자신만의 백과사전이 만들어진다.

■ 자료정리 후 보관 테크닉

웹하드를 적극 활용하라

컴퓨터작업 문서나 워드작업 문서 사진파일 등은 웹하드를 이용하여 보관하는 게 가장 안전하다. 자신의 컴퓨터에 저장했다고 해서 안전한 것은 아니다. 자칫 잘못하면 컴퓨터의 고장으로 인해 한 순간에 자료를 잃게 되거나 컴퓨터 상에서 타인에게 자료가 노출될 우려가 적지 않기 때문이다. 특히 사진자료가 많은 경우에는 보관용량이 큰 웹하드 보관 관리가 필수다.

유형별 파일 박스를 만들어라

종이로 된 문서자료나 고지서, 영수증 등은 월별 서류파일에 정리한 후, 파일박스를 만들어 제목을 붙여 서랍이나 책꽂이에 보관하도록 한다. 다시 찾거나 확인이 쉽고 빠르며 분실 걱정이 덜어진다.

미쳐야 성공한다

데릭 스위트의 『100%를 살아라, 열정적인 인생을 위한 안내서』에서는 '100%를 살기 위해서 오늘 미쳐야 한다'고 말한다. 의심할 여지가 없이 맞는 말이다.

기자라는 직업을 갖게 된 이후로 즐겨 쓰는 말 중 하나가 바로 '미쳐야 한다'는 것이다. 후배나 친구들과의 대화 중 성공이나 완성을 말할 때도 어김없이 '미치지 않으면 이루어지는 것이 없다'는 말을 즐겨 사용했다.

직업 특성상 지난 20여 년간 수많은 사람들을 만났다. 특히 자기 분야에서 성공했다는 사람들을 만나 인터뷰를 하면서 가장 많이 들었던 성공요인 중 하나 역시 바로 '나는 ○○에 미쳐있었다'는 말이었다. 어떤 이는 '미쳤다'는 말 대신 몰입을 강조했고 또는 집중이라는 말로 대신했다. 몰입이든 집중이든 한 가지에 빠져드는 것, 즉 미치는 것이다.

흔히 다재다능한 사람을 두고 만능인이나 전천후라고 칭하지만 '열두 가지 재주 가진 놈 밥 빌어먹기 좋다더라'는 말이 매우 현실적인 것이라는 것을 사회에 나와 많은 사람들을 만나고서야 실감했다. 뭐든지 하나에 미치지 않으면 성공하기 어려운 건 사실이다. 때문에 각 분야에서 장인정신으로 성공적인 인생을 산 사람들의 노하우는 똑같다. 한 우물만 팠다는 것이다.

미친다는 것은 수학계산과 같은 공식으로서는 절대 설명할 수 없는 기대 이상의 폭발적인 힘을 발생한다. 그만큼 한 가지에 대한 몰입과 집중은 무서운 위력을 지녔다.

듣는 사람에 따라서 자칫하면 욕이 되는 '미친다'는 것, 그것은 긍정적인 의미에서 해석하면 열정으로 넘치는 것이다. 열정이 끓어오르면 그 온도가 너무 높아 식지 않으며 그 열기로 인해 다른 것은 볼 수가 없게 된다. 모든 힘이 하나에만 집중되다보니 스스로도 알 수 없는 에너지가 발산되고 그 에너지는 좋은 결과를 만들어낸다. 그러니 자신이 일하는 분야에서 미치면 성공할 수밖에 없는 것이다. 물론 결과가 엄청난 실패로 나올 수도 있겠지만 자신이 좋아하는 일에 미쳐보는 것, 그것은 즐겁고 희망적인 일이다.

30대 초반시절 기자 경력 불과 4년 차 시절이었다. 창간하는 신문사에 들어가 몇 달 동안의 힘든 작업을 거쳐 신문이 창간되었다. 사주는 경제력이 취약했지만 신문은 나름대로 좋은 평가를 받으며 당시 뚫기 어렵다는 유통망인 지하철 가판대에도 올려졌고 판매율 또한 꽤 좋은 편이었다. 하지만 사주와 편집진 간의 내분은 끊이지 않았고 이런 과정에서 편집장이 두 번이나 사표를 던지고 나갔다. 나 또한 사주가 소신 있는 언론인으로 느껴지지도 않고 신뢰성도 부족하다 싶어서 그만둘까 갈등을 여러 차례 했지만 그 당시엔 경력을 더 쌓아야 된다는 생각과 어느 직장이든 입사하면 최소 1~2년은 버틴 후에 더 나은 회사로 점프를 해야 한다는 목적의식이 강했다. 수시로 퇴사하는 사람들이 생기면서 편집부 인력누수현상은 지속되었고 그럴수록 남아있는 사람들만 일에 치여서 힘이 들었다. 토요일 한시 퇴근 일요일 휴무였지만 초기 6개월 동안 한 달에 한 번 쉬었을까 싶을 정도였다. 그야말로 일에 빠져있거나 미쳐있었다. 지인들은 "그렇게 일하면 월급 더 받냐?"라고 말했지만 사주보다는 창간멤버로 일한 그 신문이 좋아서 늘 새로운 사람들과 만나는 취재기자라는 직업이 좋아서 미친 듯이 일했다. 그러던 어느 날 사장은 나를 편집장의 자리나 다름없는 취재팀 데스크에 앉혀 놓았다. 경력이나 능력으로서는 맞지도 않는 자리였지만 얼떨결에 떠맡게 되었고, 그 후로 한동안 5명의 취재 기자들과 3명의 편집기자들을 거느리는 수장으로 일해야 했다. 그러니 일요일도 쉬는 날은 거의 없다시피 했고 마지막 전철을 타고 집으로 가는 연속이었다. 지금 생각해도 정말 내가 뭔가에 미치지 않았으면 그렇게 못했을 일이다.

그때는 몰랐다. 그렇게 미친 듯이 일하면 어떤 효과가 돌아오는가에 대해서는 생각지도 않았다. 하지만 시간이 조금 더 흐르고 다른 직장으로 옮겼을 때 일에 미쳐 있었던 그 시간들이 나의 능력을 한껏 끌어올려 주고 잠재력까지 발휘하게 해주었다는 사실을 실감할 수 있었다.

사람들은 말한다. '미쳐도 곱게 미쳐라'. 아마도 이는 가치 있는 일에 미치라는 말일 것이다.

긍정의 바다로 다이빙해라

현정은 현대그룹 회장은 ≪월스트리트저널(WSJ)≫이 뽑은 '주목할 만한 세계 50대 여성 기업인', ≪포브스 선정≫ '세계에서 가장 영향력 있는 여성 100인', 〈영국 파이낸셜타임스(FT)〉 발표 '2011년 세계 50대 여성 기업인'에 두루두루 선정되는 등 해외에서도 능력 있는 여성 경제 리더로서 주목받고 있는 경영자다. 언젠가 한 신문과의 인터뷰에서 남편이 떠난 후 경영에 뛰어들어 지난 10년간 경영권 방어를 위해 힘든 과정을 거치면서도 금강산 관광을 중심으로 한 남북경협 사업의 불씨를 살리느라 애를 쓰면서 지금까지 역경을 극복할 수 있었던 가장 큰 비결은 다름 아닌 '긍정의 힘을 믿는 마음'이었다는 내용을 본 적이 있다.

조엘 오스틴의 '긍정의 힘'을 거론하지 않더라도 인간의 삶에 긍정의 에너지가 미치는 영향력은 대단하다. 가진 것 하나도 없이 혈혈단신 미국 땅으로 가서 벤처 신화를 일군 어느 한인 여성 또한 오로지 'Can do' 정신만으로 성공을 거두었다고 했다.

예나 지금이나 긍정은 누구에게든지 마인드 컨트롤의 대명사이다. 자신의 현실 앞에 주어진 모든 상황을 부정이 아닌 긍정의 시각에서 바라보고, 또 목표를 정하고 일을 추진함에 있어서 긍정적인 사고로 무장하는 것이 매우 중요하다는 것을 모르는 이는 없을 것이다. 이쯤 되면 귀 따갑도록 듣는 '긍정'에 대해 무슨 할 얘기가 또 있냐고 반문하는 이들도 있을 것이다.

긍정의 힘이 곧 인생을 성공시키고 삶도 더욱 가치 있게 만들어준다는 사실은 도덕교과서에 나오는 '거짓말은 나쁜 것이다', '어른을 공경해야 한다'는 말처럼 두말할 나위 없이 삶에 있어서 정답 같은 말이다.

그럼에도 불구하고 나 또한 왜 긍정을 강조해야 하는 걸까? '긍정적인 사고로 무장하라', '부정적인 시각은 버리고 긍정적으로 바라보라'고 잔소리 같은 조언을 하게 되는 이유는 매우 단순하면서 기본적인 논리다.

현명한 부모들은 자녀들이 어느 한계에 부딪혀 포기하거나 좌절하려고 할 때 '너는 그러니까 할 수 없는 거야'라고 말하기보다 '너라고 왜 안돼. 너도 할 수 있어'라는 식으로 말한다. 이럴 경우 자녀의 생각과 행동은 '엄마 말이 맞아. 나도 얼마든지 할 수 있을 거야. 그럼 다시 도전해볼까'라는 쪽으로 기울어진다.

긍정적인 마인드를 강조하는 마인드컨트롤 전문가들은 하나같이 우리가 사용하는 어휘부터 신중히 선택해야 긍정의 숲으로 빠질 수 있다고 말한다. 어휘가 생각을 결정하고 그 생각이 감정과 태도를 만들기 때문이다. 오바마는 물론이고, 클린턴 대통령이 후보 당시 긍정의 언어를 사용했기 때문에 당선되었다는 평가가 그들을 위한 홍보를 위해 만들어진 얘기가 결코 아니다.

긍정적인 언어 습관을 지닌 사람들은 자신은 물론이고 주변 사람들까지 즐겁게 해주고 긍정으로 이끌어준다. 하지만 부정적인 언어 습관을 지닌 사람들은 주변 사람들을 불편하고 우울하게 만든다. 자살을 선택하는 사람들에게는 이미 모든 것에 대해 부정적이고 절망적이다. 적어도 그들에게 일, 사랑, 공부, 친구 그 어떤 것 하나만이라도 긍정적으로 생각하고 그 속에 빠져들었다면 목숨을 스스로 버리는 일은 선택하지 않았을 것이다.

긍정의 숲으로 빠져드는 일, 그것은 돈도 시간도 노동력도 특별히 투자되는 것이 없다. 단지 생각만 긍정의 편에 기울어지면 되는 일이다. 동전의 앞뒤를 뒤집는 것처럼 쉬운 일이다. 그것도 하기 싫다면 아무도 나의 인생에 관심을 가져줄 사람은 없다.

■ 긍정의 숲으로 빠져드는 방법 7가지

- 미소를 잃지 않는다.
- 긍정의 사고를 부추겨주는 책을 읽는다.
- 경쾌한 음악을 자주 듣는다.
- 적극적인 사고를 지닌 친구를 가까이한다.
- 매사에 잘 될 거라고 믿는다.
- '할 수 있다'는 자신감을 유지한다.
- 자연에 감사하는 마음을 갖는다.

'내 탓이오'라고 외쳐라

"'내 탓이오'는 사회의 모든 부정적인 현상에 대해 시민 각자가 나의 탓으로 알자는 것이지요. 이것은 우선적으로 정치인·사회 지도층이 각자 나누어야 할 책임입니다."

20여 년 전 김수환 추기경은 신문 인터뷰에서 이렇게 말했다. 차를 타고 다니며 느끼는 것은 서로 양보하지 않기 때문에, 교통질서가 마비된다는 것을 알게 되었다면서, 김 추기경은 이기주의와 남을 생각할 줄 모르는 민주시민 의식의 결여가 다른 생활부문에도 똑같은 현상을 불러오고 있다고 지적했다.

2년 전 아들이 초등학교 6학년이 되면서 사춘기가 오더니 학교에서 반 아이들과 부딪히고 선생님께 반발하고 학원에서도 예민한 감정을 드러내곤 했다. 그럴 때마다 왜 그런 일들이 벌어졌는지 일단 아이에게 자세히 얘기를 들어보면 문제는 상대에게도 있었지만 감정조절이 서투른 우리 아이의 잘못도 크다는 것을 알게 됐다. 마냥 감싸줄 수도 없는 일이고 그렇다고 매나 화로 다스릴 일이 아니었다. 그래서 이렇게 말해주었다.

"남의 탓이라 말하지 말고 '내 탓'이라고 생각해라. 네가 참을성이 없고 네가 화를 냈기 때문에 문제가 커졌다는 것을 너도 알고 있잖아. 또 같은 잘못이나 실수를 반복하지 않으려고 노력해야 한단다."

가톨릭에서 미사를 할 때 '내 탓이오'라는 말을 한다고 들었다. 나는 천주교 신자가 아니다. 하지만 아주 오래전 김수환 추기경의 인터뷰 이후 '내 탓이오' 캠페인이 벌어졌을 때부터 가슴에 깊이 와 닿는 말이었고 실천이 반드시 필요한 말이라고 여겨왔다.

우리 속담에 '안 되면 조상 탓'이라는 말이 있다. 실패에는 반드시 원인이 있고 어떤 일이든 뜻한 대로 이루지 못하고 일을 그르친 데는 분명히 그 주체인 '나'에게 문제가 있는 것이다. 취업을 못한 백수 청년이 '취업문이 너무 좁다', '유명회사는 일류대 출신만 원한다', '나는 왜 재수 없게 번번이 면접에서 떨어지는 거지.'라고 말한다면 그는 그야말로 핑계를 대고 있는 것이다. 분명히 무엇인가 자신에게 부족함이나 문제가 있다는 사실을 인식하고 무엇이 문제인지 분석해볼 필요가 있다. 자신은 문제가 없는데 자신을 채용하지 않는 회사들이 문제라고 생각한다면 이게 바로 '남의 탓'인 것이다.

살다 보면 자신의 의지와는 무관하게 얘기치 않은 다양한 일들이 벌어진다. 그것이 좋든 싫든 행운이든 불행이든 각자가 안고 가야 할 삶의 여정이고 운명이다. 이미 현실로 다가온 어떤 환경 앞에서 '왜 나에게만 이런 일들이 벌어지는 건가?', '하필이면 재수 없이 나야.'라는 생각을 하게 되고 모든 것을 남의 탓, 세상 탓으로만 돌린다면 결국에는 불만과 불편만 쌓이면서 부정의 늪으로 빠져들게 된다.

물론 힘들고 어려운 상황에서 '내 탓이오'라는 진리로 스스로를 조절한다는 것은 말처럼 쉬운 일은 아니다. 그래도 누구를 탓하기 보다는 나 자신을 되돌아보고 다짐을 하는 것이 스스로에게 도움이 된다. '내 탓이오'를 생각하지 않고 부정적인 사고에 물들게 되면 국가나 사회차원의 생각보다는 개인적인 입장에만 치중하게 되는 이기주의에 빠져들게 된다. 솔선수범이란 없고 '왜 내가'라는 생각을 먼저 하기 마련이다. 김수환 추기경의 말을 되새겨 보아야 하는 것이 바로 이때문인 것이다.

재취업, 헤드헌트를 적극 활용하자

요즘은 청년 실업만 문제가 아니다. 30~40대 재취업을 희망하는 사람들이나 은퇴 후 다시 직장을 잡으려는 시니어들도 부지기수다. 이제 실업은 어느 특정 연령이나 계층의 문제만이 아닌 우리 사회 전체적인 문제가 되고 있다.

잘 아는 선배 중 K라는 분이 있다. 40대 중반에 퇴직을 한 후 한동안 무슨 사업을 할까 고민을 했었다. 지금 중견업체에서 관리이사로 재직 중이다. 항공 호텔업계에서 20여 년 가까이 인사전문 분야 경력을 쌓았지만, IMF 시절 구조조정으로 사업을 할까 고민을 하던 중, 주변에서 경력이 많고 영어가 되니까 헤드헌트를 통해 중소기업이나 중견기업체 입사지원을 해보라는 권유를 받았다. 사실 큰 기대를 하지 않고 두 곳에 이력서를 제출했는데 6개월 만에 연락이 와서 면접을 보았고 회사 측에서 관리이사 직책을 주면서 손짓을 했다. 중견기업이지만 일하는 사업장의 특수성이 있는데다 사주가 많이 의지하고 신뢰한단다. 얼마 전 선배는 정년퇴직 걱정 없이 앞으로도 마음 놓고 다니게 될 것 같다고 했다.

'헤드헌터' 하면 십여 년 전만 해도 석박사급 젊은 인재들이나 주로 연구 분야 경력자, 고급엔지니어들 위주로 이직을 희망하는 사람과 또 그들을 찾는 기업을 연결시켜주는 중매쟁이라는 인식이 강했다. 실제로 헤드헌터의 용어를 풀어서 설명하면 직장, 채용의 분야에서 Head란 사장 등의 경영자 혹은 팀장 등의 관리자를 말하고 여기에 Hunt(사냥하다, 구하다)라는 두 단어가 복합되어 만들어진 합성어이다. 그러니까 관리자나 경영자를 찾아내어 스카우트한다는 의미가 된다.

요즘은 달라졌다. 헤드헌트를 전문적으로 담당하는 회사들이 여러 곳이 생겨났고, 해드헌트 회사들 중에서도 엔지니어만을 또는 연구 인력만을 발굴하여 소개해주는 업체들이 있다. 이미 많은 경력을 쌓은 40대 중반 이상의 중견전문인력, 즉 시니어인력들만을 대상으로 기업과 연결해주는 회사들도 있다.

요즘 채용 포털사이트들도 있고 또 정부 관련 기관에서 운영하는 구인구직 정보 통로도 있으며, 노동부에서 담당하는 구인구직을 돕는 사이트도 있다. 아주 다양한 편인데 헤드헌트 전문업체를 적극 활용하라는 데는 나름대로 이유가 있다.

취업포털사이트나 취업에 도움을 주는 여러 기관들이 있지만 대체적으로 직종·연령·직급 등 다양한 사람들과 기업들이 회원으로 등록되어 서로를 찾는 형태다. 그러다 보니 포털업체들이 구직자 개개인을 일일이 관리해주기란 어려움이 많다. 더욱이 경력자들이나 고급인력들의 경우 기업과 연결될 확률이 더욱 높지 않다. 구직자 입장에서는 경력이 있고 능력이 있다고 생각하는 만큼 구인 업체 측과 연봉협상이나 근무조건 등을 맞추려면 긴밀한 접촉이나 미팅이 필요하다. 구인업체 또한 자기회사와 잘 맞는 인재를 찾아야 하고 구직자의 전직 프로필이나 경력이 있는 만큼 조심스러운 접근을 원한다. 한마디로 구직자와 구인업체의 직접적인 만남이 그리 쉽지 않지만 헤드헌트사들은 바로 이런 점들을 대신 해결해준다. 다수의 '헤드헌터'들이 구인업체를 발굴하고 구직자들의 이력서와 취업 관련 희망사항을 아주 철저하게 분석하여 자료화시켜 놓고 중간 다리 역할을 한다. 그렇기 때문에 취업이 한결 수월하고 또 구인업체와 구직자 양쪽 모두 신뢰감 속에서 미팅을 갖게 된다.

'헤드헌트사' 하면 어떤이들은 구직자가 비용을 내야하는 줄 알고 있는 사람들도 있다. 구직자는 전혀 그런 걱정을 할 필요가 없다. 대부분 채용전문 포털도 구직자가 비용을 내는 일은 없는 것처럼 헤드헌트사도 마찬가지다. 다만 구직자는 비용이 없으며 대신 구인업체, 즉 업체 측이 채용한 인력의 연봉 중 몇 %를 헤드헌트사에 지불하는 방식이다.

이력서와 자기소개서를 잘 작성해서 제출하고 특히 자신이 희망하는 분야와 직책, 그리고 연봉을 정확하게 밝히면 그것으로 끝난다. 대신 빨리 취업이 된다는 생각은 갖지 말고 조금은 시간적 여유를 갖고 기다리는 게 좋으며 여러 곳에 동시에 제출해놓으면 더 유리하지 않을까 싶다.

■ 구직활동 중에 가져야 할 자세

① 자신감을 가져라

어느 한 분야에서 경력을 쌓았다면 그건 대단한 능력과 노하우를 지닌 것이다. 그러니 자신이 가진 능력이 사장 당한다면 절대 안 된다는 생각을 가져야 한다. 분명히 내가 지닌 노하우를 풀어놓을 수 있는, 나를 필요로 하는 곳이 있다고 믿고 '나는 할 수 있다'는 자신감을 유지해라.

② 사람들과 만나라

직장을 그만두고 2~3개월 휴식을 취하며 쉬는 것은 나쁘지 않다. 다만 장기간 쉬는 것은 바람직하지 못하다. 휴식시간이 길어지다 보면 오히려 삶의 활력도 떨어지고 취업의욕이 저하된다. 당장 취직이 안 되더라도 집안에만 있지 말고 외부활동을 하는 것이 현명하다. 친구나 선후배들을 꾸준히 만나면서 취업하겠다는 의지를 소문내는 것이 좋다. 언제 어떻게 취업이 연결될지 모르기 때문이다.

③ 공부해라

세상은 하루가 다르게 변화한다. 현직에서 물러서서 활동을 하지 않으면 그 변화를 따라가기 어렵다. 때문에 구직활동을 하면서 관련전문 정보도 입수하고 시장 트렌드도 살펴보곤 해야 한다. 이뿐만이 아니다. 퇴직자들을 대상으로 교육을 실시하는 전문교육기관을 찾아가 개인역량 강화를 위한 교육을 수강하는 것도 필요하다.

④ 구직활동을 적극적으로 해라

재취업을 생각하고 있다면 언제든지 마땅한 곳이 있으면 취업하겠다는 마음의 준비가 되어 있어야 한다. 따라서 지인들로부터 추천도 받고 헤드헌터 전문 업체에 이력서를 제출하는 등 직접 구직활동을 해라. 취업은 당사자가 적극적으로 나서지 않으면 저절로 굴러들어오는 좋은 일자리는 없다.

⑤ 스타일을 가꿔라

요즘은 젊은 남성들도 취업을 앞두고 자기 외모관리에 많은 공을 들이는 시대다. 신발부터 머리까지 자기만의 스타일을 만들고 자기만의 세련된 이미지와 활력이 느껴지는 패션스타일을 연출하는 것, 취업 시 면접은 물론이고 입사 후에도 다양한 시너지효과를 가져다 줄 것이다.

⑥ 중소기업을 겨냥하라

기업규모가 작더라도 자신의 노하우를 풀어놓을 수 있는 곳이라면 그곳이 정말 좋은 직장이다. 전문인력의 경우 고급인력에 목말라하는 중소기업에 취업이 한결 유리하다.

자기 꾀에 무너지면 "안~돼"

주식의 고수가 이런 말을 했다. 주식 시장에서 투자자를 끌어들일 때 미끼에 가장 잘 걸려드는 사람들이 교수, 의사, 변호사라는 것이다. 그의 말에 따르면 이런 식이다.

처음에 전화를 걸어 괜찮은 주식이 있으니 사라고 권유한다. 하지만 그들의 대부분은 콧방귀만 뀐다. 쉽게 현혹될 사람들이 아닌 것이다. 워낙 머리가 좋고 똑똑하고 합리적인 사람들이라 해당 기업의 실적과 성장성 등을 요모조모 꼼꼼히 따지기 때문이다. 하지만 펀드매니저들 중에서도 선수(?)들은 오히려 그들을 노린다고 한다. 투자 권유를 했는데 그들이 고개를 흔들 때 선수들은 말한다.

"선생님은 주식에 대해 정말 아시는 분 같아서 특별한 정보를 드리는 겁니다. 제 말이 믿어지지 않으면 며칠만 눈여겨보세요. 일주일 안에 일단 50% 뛸 겁니다."

선수의 말대로 해당 기업의 주가가 상한가 행진을 하면 믿지 않던 똑똑한 분(?)들은 그제야 선수에게 연락을 한다. 그 누구도 예측하지 못한 상승세 앞에서는 그들도 이성적인 판단을 하지 못하는 것이다.

특히 의사, 변호사, 박사 같은 굵직한 고객들은 소액 투자를 하지 않는 편이란다. 목돈을 과감하게 던진다는 것이다. 물론 1~2주 후 상한가를 치던 기업의 주식은 추락하고 만다. 그때가 되어서야 '내가 미쳤어'라고 하소연을 하게 되는 것이다. 주식투자에서 적을 찾는 일은 쉬운 일이 아니다. 기업에 대한 뉴스를 갖고 공부하는 수준으로는 불가능하다. 아무리 똑똑한 사람들이라도 변화무쌍한 주식 시장에서 적을 알아내기 힘들다.

자기 능력만 믿고 일을 저질렀다가 실패의 쓴잔을 마시는 사람들이 한둘이 아니다. 직장인들 중 적지 않은 이들이 창업을 꿈꾼다. 2008년부터 지속되고 있는 경기불황으로 인해 직장인들이 감원에 대한 불안감이 고조되면서 직장인들의 53.3%는 이직이나 창업에 대한 정보를 찾는 일이 많아졌다고 한다. 특히 남성 직장인들 중 30대 중반 이후의 사람들은 창업을 꿈꾸거나 준비하는 사람들이 부지기수다. 문제는 과연 성공하느냐이다.

대학졸업 후 12년간 금융업계에 종사하던 A씨는 5년 전 퇴직금과 그간 모아놓은 자금 총 3억 원으로 펜션 사업에 뛰어들었다. 전원생활을 꿈꾸어 온데다 야채 키우는 것을 좋아해 먹는 것은 자급자족하고 펜션사업으로 알뜰하게 돈을 모아보겠다는 야무진 꿈을 실행으로 옮긴 것이다. 귀농을 만만하게 본 것이다. 최소 2~3년은 현지에 가서 직접 실습 체험을 하지 않으면 십중팔구 실패로 끝나는 게 귀농이다. 결국 그는 2년 만에 두 손을 들고 다시 도시로 나왔다. 땅값이 낮은 지역을 찾다 보니 너무 산속으로 들어갔고 예상했던 것만큼 펜션 이용자는 적었다. 남의 농지를 임대하여 시설채소를 키웠지만 수해를 입어 농사를 망쳤다. 그러다 보니 2년 사이에 오히려 빚만 늘어났다. 때마침 펜션을 전원주택용으로 구입하겠다는 사람이 나타나자 곧장 팔아버리고 새로운 일을 찾아 도시로 나왔다.

적지 않은 사람들이 '난 사업을 하면 잘할 거야', '내가 잘할 수 있는 일이니까 걱정 없어'라고 말한다. 하지만 실전은 다르다. 농사에 대해 제대로 알지 못하고 귀농을 하면 100% 실패하는 것처럼 모든 사업이 그리 만만치가 않다. 자신의 능력을 과대평가하거나 자신만이 어떤 특별한 것을 알고 있다는 자만심에 빠지면 결과는 실패로 이어진다.

'知彼知己, 百戰不殆(지피지기, 백전불태)'라고 했다. 전쟁에서 적을 알고 나를 알면 백번 싸워도 패하지 않는다. 하지만 적을 모르고 나의 상황만 알고 있다면 패할 확률이 높다. 돌다리도 두드려보고 건너라고 했다. 매사에 자신감을 갖고 임하는 것은 박수쳐줄 일이지만 새로운 것을 시도하거나 도전할 때는 남의 말에도 귀를 기울이고 사전에 꼼꼼히 따져보고 체크한 후에 임하는 것이 실패확률을 최소화하는 길이다.

나를 사랑하자

"내가 왜 그렇게 바보 같은 짓을 했지. 정말 바보 아냐"
"나란 인간은 참 능력 없어. 고작 그런 것도 제대로 못하고"
"그래도 최선을 다했는데 왜 이렇게 뜻대로 되는 일이 없지"

살다 보면 많은 사람들이 이런 넋두리를 하곤 한다. 스스로를
탓하고 세상을 탓하고 인생을 탓한다. 스스로에게 잘못을 따지고
자성하는 것이 결코 나쁜 일은 아니다. 또 세상 살다 보면 뜻대
로 이루어지지 않는 일이 많다 보니 남의 탓 세상 탓 조상 탓하
기 마련이다. 인생이라는 여정에서 울고 웃으면서 부딪히며 살다
보니 세상살이가 그리 쉬운 일이 아니다. 다만 중요한 것은 어떤
고난과 실패가 오더라도 나 자신을 미워하거나 버리면 안 된다
것이다.

전기담요를 파는 한 젊은이가 있었다. 이 집 저 집 서민가정을
돌아다니며 제품을 팔기 위해 열심히 설명을 했지만 며칠이 지나
도록 하나도 팔지 못했다. 동료로부터 잘사는 집을 겨냥하라는
말을 듣고 하루는 용기를 내어 어느 기업의 사장 집으로 들어갔
다. 문을 열고 들어가자 가정부가 문전박대했지만 이를 본 주인
은 그를 거실로 들어오라고 했다. 신이 난 젊은이는 주인에게 열

심히 제품을 설명했고 분명히 하나 정도는 선뜻 사줄 것이라고 기대했다. 하지만 주인은 엉뚱한 질문을 했다.

"건강하고 젊은 청년인 것 같은데 어떻게 전기담요 방문판매를 하게 됐소?"

젊은이는 사장의 환심을 사보려고 아주 불쌍한 표정을 지으며 말했다.

"가난한 농부의 아들로 태어나 대학도 못 들어갔고 군 제대 후 막상 취업을 하자니 학력이 중졸이라서 저 같은 사람은 잘 안받 아줍니다. 배운 것 없고 능력 없는 저 같은 사람이 할 일이라곤 식당 종업원이나 건설현장 일용직 일밖에 없는 것 같습니다. 그 러니 저 같은 사람이 그나마 다리품 팔며 빨리 돈을 모으는 법은 이런 길밖에 없는 것 같습니다."

말을 듣고 난 사장은 의외로 젊은이를 꾸짖듯 큰 소리로 말했다.

"젊은이는 '저 같은 사람'이란 말을 벌써 세 번이나 했소. 대체 자기 자신도 사랑하지 못하는 사람이 어디 가서 무슨 일을 한들 인정받을 수 있겠소. 그건 겸손함도 아니고 예의도 아니오. 나는 젊은이처럼 자 기 자신도 사랑하지 못하고 마냥 부족하다고만 생각하는 사람에게는 어떤 물건도 살수가 없소. 저 같은 사람이 파는 물건이니 그 물건인들 저 같은 사람과 다를 바가 있겠소?"

차라리 젊은이가 "저는 사람 만나는 것을 좋아해서 영업을 택 했습니다. 많이 배우진 못했지만 좋은 제품을 정말 필요로 하는 고객들에게 소개하는 것은 즐거운 일입니다."라고 말했다면 여러 장의 담요를 팔았을지도 모른다.

어느 환경에서나 누구 앞에서나 늘 당당하게 자신감을 갖고 말하고 행동해야 한다. 무작정 잘 난 척 행동하는 것이 아니라 적어도 세상에 하나뿐인 자기 자신을 진정으로 사랑할 줄 아는 사람이라는 것을 보여주어야 한다는 얘기다. 이를테면 연애를 할 때 "나 같은 사람 사랑해줘서 고마워." 가 아니라 "내가 너를 사랑하는 만큼 나는 너를 정말로 행복하게 해줄 거야. 나라면 할 수 있어."라고 말해야 한다. 내가 나를 깔보고 업신여기는데 누구인들 나를 사랑하고 인정해주겠는가.

한 친구가 몇 년 전 금연을 결심했다. 그때 그는 '흡연은 내 건강을 망치고 있지. 그래 바로 조금 전까지는 흡연을 했지만 지금 이 순간부터는 무엇보다도 나 자신을 위해서 금연을 실천하자. 나는 나를 사랑하니까. 내가 건강해야 내 가정을 지키고 회사를 이끌 수 있으니까. 담배를 끊는 게 당연한 일이다'라고 스스로에게 말하고 담배를 끊었다. 도중에 단 한 번도 '나는 왜 이렇게 담배를 못 끊지. 역시 내 한계야.'라는 생각을 하지 않았다고 한다.

나 자신에 대한 사랑, 내 건강, 내 일, 내 가족은 나 자신부터 적극적으로 사랑하고 챙길 때 더욱 빛이 나고 보다 큰 능력을 발휘하게 된다. 누군가 나에게 '박창수 당신은 참 대단해.'라고 말하면 나는 '당연하지. 나는 한다면 하는 사람이니까. 그리고 최선을 다하니까. 그리고 또 있지. 나는 이 세상에서 단 한 사람이니까.'라고 말한다.

사랑하자. 미치도록 사랑해야 한다. 스스로를 너무너무 사랑하기 때문에 스스로에게 감사하고 자신을 아끼는 것은 당연한 일이고 그런 긍정의 에너지가 더 위대한 자신을 만들어갈 것이다.

◪ 저자 박창수

충북 청원출생으로 건국대학교 영문학과를 졸업하고 동국대학교 언론정보대학원에서 출판잡지를 전공하여 석사학위를 받았다. 1991년부터 신문사와 잡지사 취재기자로 일했고, 1997년부터 프리랜서로 활동하기 시작했다. 70여 개 이상의 잡지·사보·신문 등에 기고활동을 하는 한편, 중앙저널아카데미, 신구대학교, 인하대학교 등에서 출판잡지제작 담당 강사를 역임했다. 현재 프리랜서 취재기자이자 작가로 집필활동을 하면서 문화센터 글쓰기 강의와 방송 출연 등을 병행하고 있다. 주요 저서로는 『우리 다시 시작이다(탐구닷컴)』, 『여행! 사람 사랑을 배우다』(꿈과 희망), 『브라보 리치 라이프(전나무숲)』 등 다수가 있다.

IT'S (잇츠)

▶
초 판 발 행 │ 2014년 5월 2일
저　　　자 │ 박 창 수
펴 낸 이 │ 권 호 순
펴 낸 곳 │ 시간의물레
인　　　쇄 │ 대명제책사

▶
등　　　록 │ 2002년 12월 9일
등록번호 │ 제1-3148호
주　　　소 │ (121-050)서울시 마포구 마포대로 4다길 3(1층)
전　　　화 │ (02)3273-3867
팩　　　스 │ (02)3273-3868
전자우편 │ timeofr@naver.com

▶ ISBN 978-89-6511-090-3 (03190)

정가 11,000원